ナマケモノ教授のムダのてつがく

「役に立つ」を超える生き方とは

辻 信一
Tsuji Shinichi

さくら舎

はじめに

コロナ禍のただなか、東京のあるカフェではじめてお会いした、若い編集者の嘆きから、この本は始まりました。世間に鳴り響く「不要不急を避けよ」の大合唱が、その女性の心にストレスとなって覆いかぶさっているようでした。彼女は言うのです、「不要不急がなくなった世界を想像してみて！」。そして、ぼくにこのような時代にふさわしい「哲学」の本を執筆してみないか、と提案してくれたのでした。

ぼくは哲学者ではありませんが、しかし、こう思っています。「哲学」はわからなくても、「てつがく」はいつもやっている。スリランカのクーマラスワミという人の名言に、「芸術家とは特別な人のことではない、すべての人が特別な芸術家なのだ」があります。ぼくはそれにならって、「てつがく者とは特別な人のことではない、誰もがみんな特別なてつがく者なのだ」と言いたい。

ぼくは文化人類学とか、スローライフとか、ナマケモノ倶楽部とか、世間からは不要不急と思われるようなことばかりやってきたし、一方では、資源やエネルギーのムダ使いに反対する環境運動やシンプル・ライフ運動にも携わってきたので、「ムダ」というテーマとは深い縁で結ばれているような感じがしていました。

あらためて「ムダ」という言葉のレンズを通して眺めてみると、とたんにいろんなことが見えてきます。そして、たしかに最近、「ムダ」に対する風当たりが強まっていることに気がつきます。駅や電車で、人びとの視線に否応なしに飛びこんでくるのは、ばい菌、体臭、シワやシミ、〝ムダ毛〟、ぜい肉などを体から除去することを人々に迫る広告です。

そこには、ムダをはぶく努力を怠る人には何らかの社会的なペナルティが科せられることが暗に示されています。

タイムパフォーマンスからきたという〝タイパ〟という新語は〝時間対効果〟を意味し、時間からムダを除いて効率をあげたいという意識が背後にあります。映画を要約した〝ファスト映画〟も、イントロを短縮したり、はぶいたりするヒット曲も、短時間で必要栄養素を含む食事を終えられる〝完全メシ〟も、「ビジネスに役立つ」「10分でわかる」といったうたい文句で、短時間で概要のみを理解させようとする風潮も、みんなタイパの類でしょう。

どうやら、ムダが忌避され、敵視されている。ぼくたちはムダを恐れ、そこから逃れようとしているようです。そして、その傾向はますます強まっている。

ふとムダの身になって考えると、ずいぶん生きづらい世の中になっているにちがいありません。そして、ムダにとって生きづらい世界とは、はたしてぼくたちにとって生きやすい世界なのか、そんなことも考えてしまうのです。

「わかりやすく書くように」という編集者のリクエストはよくわかりますが、「わかりやすさ」ばかりが重宝される世の中の風潮にも注意する必要があります。ぼくたちの人生の大部分はわからないことでできているのだし、どんな学問だって、ひとつわかったと思ったとたん、またいくつかのわからないことが現れている。そんなものです。だから「わからなさ」も大事にしながら、それでもできるだけわかろう、わかってもらおうと、考え、書いていきたいと思います。

これからの筋道のぼんやりとしたイメージを頼りに、脱線、寄り道、後戻りを恐れず、スローに、慌てずに、進んでいこうと思います。

目次◆ナマケモノ教授のムダのてつがく──「役に立つ」を超える生き方とは

第1章 「ムダを省《はぶ》く」ということ

第2章 「ナマケモノ」の視点で経済成長を見る

第3章　複雑化した世界でのシンプルな暮らし

第4章　働き者礼讃社会に抵抗する

第5章　ムダと孤独とテクノロジー

第6章 ムダな抵抗は、してもムダ？

第7章　スローライフはムダでいっぱい

第8章　答えは足もとの土にある

第9章　ぼくたちは、遊ぶために生まれてきた

ナマケモノ教授のムダのてつがく

——「役に立つ」を超える生き方とは

序章

ムダについて考えるということ

ムダについて考えることはムダではない

ムダについて考えること。それはムダどころか、ますます重要になっている。ムダについて問うこと。それは、じつは重い問いであり、答えることの容易な問いではない。

いまや自然界を、社会を、そして人類全体を脅かす、水やエネルギーのムダ使い、食料廃棄というムダ、動植物のムダ使い。資源のムダ使いから、時間のムダ使い、人間のムダ使いまで。ますます多くの人々を悩ませている問いにも、「いまやっていることはムダなのではないか」から「生きていることはムダなのではないか」まで。

これらの問いにどう向き合うか。この問いのすぐ後ろに潜んでいるかもしれない罠《わな》に陥ることなしに、これらの問いに答えることはできるだろうか。

ムダはなぜ、こんなに増殖しているように見えるのか。ムダはいつ生まれたのか。人類が誕生する前にムダはあったのか。ムダは本当にムダなのか？　ムダをムダにしているものは何か。

こうした問いを抱えて、ぼくたちはどこへ向かうのだろうか。「いや、いまやっていることはムダではない」と答えることはできるのか。「いや、生きることはムダではない」と断言することは可能なのだろうか？　いや、そう答えることが、はたして本当の答えなのだろうか？　それとは違う方向へと進むことはできないのだろうか？

ムダの定義

　ほとんどの人が、ムダはいいことではなく、どちらかと言えば悪いことだ、と思っているだろう。それはそうだ。「無駄」という言葉そのものが最初から否定的な意味を背負わされているのだから。でもある物事についてあれこれ考えようとするときに、最初から、それがいいか、悪いか、と決めつけてしまうのは、よくない。そこで考えが停まってしまうから。悪いことだと決めつけてからあれこれ言っても、それこそムダな議論になるだけだろう。

　もちろん、「ムダなことはよくないこと」という常識がまかり通っているのは事実だ。いま、ぼくが口にしたばかりの、「ムダな議論」という表現も、その「ムダな」とは、言うまでもなく、「無益な」という意味で、それがいいことと見なされていないのは明らかだ。

　ムダに関することわざがたくさんある。石に灸《きゅう》、犬に論語、牛に経文《きょうもん》、馬の耳に念仏、画餅《がべい》に帰《き》す、死に馬に鍼《はり》を刺す、豆腐にかすがい、獲らぬ狸《たぬき》の皮算用《かわざんよう》、糠《ぬか》に釘、暖簾《のれん》に腕押し、棒に振る、骨折り損のくたびれもうけ、水の泡、元の木阿弥《もくあみ》、焼け石に水……。まだまだある。なんでこんなに多いのだろう。

　「無益」ということに古くから、人々は強い関心を寄せていたのだろう。それでも、こう考えてみる余地はある。「ムダ」が「無益」だという際の「無益」とは何か、ということだ。いつ、誰にとって、どんな文脈で「無益」だといわれているのか、と。

辞書にはこうある。無駄とは「役に立たないこと」。「それをしただけの甲斐《かい》がないこと」「効果がないこと」、また、そのさま。無益。そして、それはこんなふうに使われる。「無駄な金を使う」「時間を無駄にする」。

類語としてこんなものがある。無意味、甲斐《かい》ない、不毛、詮《せん》ない、むなしい、もったいない、台無し、ふい、おじゃん、不経済、空費、浪費、非実用的、無価値……。

ムダで始まる言葉には、無駄足、無駄金、無駄口、無駄毛、無駄死に、無駄遣い、無駄骨、などがある。

あるものがある人にとってはムダ（無益、無意味）ではあっても、ほかの人にとってムダではない、ということはよくある。一方、誰にとってもムダがよくないことを意味することもある。

たとえば、「ムダにする」や「ムダになる」というふうに動詞的に使われるときは、ムダにされたものが何であっても、それはふつう、よくないことだと感じられる。英語でいえば、ウェイスト（waste）、先の浪費や空費などがそれに当たる。

誰かが何かを「ムダにする」とき、当人が残念な気持ちになるのはもちろん、周りの人たちも気の毒に思う。「もったいない！」という言葉が出てくるのはそんなときだ。

「もったいない」に込められたもの

「もったいない」というのは、なかなか味わい深い言葉だ。この言葉について考えてみることで、

「ムダ」という言葉にも光が当たりそうだ。

「もったいない」という言葉について、辞書などには、「物の価値を十分に生かしきれずにムダになっている状態や、そのような状態にしてしまう行為を、よくないこととして戒める」とか、「物事の本来の能力や使い道などを生かし切らずに失うのは、ムダにしてしまって惜しい」といった意味で使用される、などと説明されている。現代ではそのような意味で使われることがほとんどのようだが、じつは、この言葉はかなり古くから使われており、意味ももっと多様だったらしい。「神仏・貴人などに対して不都合である」「不届きである」「過分のことで畏《おそ》れ多い」「かたじけない」「ありがたい」「そのものの値打ちが生かされず無駄になることが惜しい」などが辞書には挙げられている。たしかに、ぼくが若い頃には、年上の人たちが、「畏れ多い」「かたじけない」「ありがたい」という意味で使うのを耳にしたことがある。現代の若い世代でも、時代劇などでそういう意味の「もったいない」を耳にしたことがあるのではないか。

一見、異なるこれらの意味には、何か人間の日常的で世俗的な世界を超えた、〝大いなるもの〟についての意識が共通しているような気がするのだが、どうだろう。そして、その大いなる力を前にして、へりくだっている様子が感じられないだろうか。

「もったいない」という言葉はもともと、漢字で「勿体無い」と書かれていたのだが、それは「物の本体はない」ということを意味していたという。浄土真宗の僧侶、大來尚順《おおぎしょうじゅん》によれば、この表現は、「仏教の『この世に何一つとして独立して存在しているものはない』という『空《くう》』の思想や『物事はすべて繋がって存在している』という『縁起』の思想に通ずる」という。

大來は言う。

〈つまり、すべて当たり前ではなく、何一つとってもすべては有難い（有ることが難い）ことであり、私たちは支えあって「生かされている」という真実が「もったいない」という言葉の根底にあるのです。（中略）目には見えない力や働きに助けられていることへの懺悔《ざんげ》の念と感謝の気持ちです〉（東洋経済オンライン）

この「もったいない」という言葉に秘められた意味を敏感に感じとったのだろう、この日本語を国際的な合言葉にしようとした外国人がいた。祖国ケニアで植林活動を展開し、２００４年、環境の分野では最初の、そしてアフリカの女性としても最初の、ノーベル平和賞受賞者となったワンガリ・マータイ（1940〜2011）だ。

彼女は、２００５年に来日した際に、「もったいない」という日本語に出会って、大いに心を動かされたという。そしてそれを「ＭＯＴＴＡＩＮＡＩ」と表記し、世界に紹介して、環境運動や平和活動に活かそうとしたことでも知られている。この言葉の何が、彼女の心をつかんだのだろうか。

マータイはよくこう言っていた。ＭＯＴＴＡＩＮＡＩという一語には、それまで環境運動が唱えてきたリデュース（削減）、リユース（再使用）、リサイクル（再生利用）という〝３Ｒ〟にとどまらず、リスペクト（敬意）を加えた〝４Ｒ〟が表現されている、と。もとの３Ｒはどれもモノに関する物質的な言葉だが、そこに、精神的な価値をつけ加えているのが「もったいない」だというわけだ。さらにマータイは、物事や自然に対する敬意（リスペクト）のみならず、感謝（グラティチュード）が込められているこのような言葉をこそ、環境運動は必要としているとして、「MOTTAINAI」を世界の共通語として広める決意をしたというのだった。

欧米各地で高い教育を受けた科学者であり、晩年には国連の平和大使として国際的に活躍したマータイが、常に合言葉として「MOTTAINAI」を携えていたと思うと微笑ましい。ケニアの貧しい農家で生まれ育った彼女の文化的な根っこが、日本の文化的な土壌に触れて、意味の共鳴を引き起こしたのではないか、とぼくは思ってみるのだ。

1977年、祖国の貧困や環境破壊に心を痛めて帰国したマータイは、地域の女性たちと「グリーンベルト運動」という植林活動を開始。弾圧や妨害を受けながらも活動を続け、やがて参加者は10万人を超え、植えた苗木は5000万本を超えたという。その間、彼女たちはいったいどれだけの嘲笑にさらされただろう。どれだけ、「こんなことをしてもムダだ」という声を聞いただろう。もしかしたら、そのたびに、マータイの心のうちに、「でも、ここであきらめてしまうなんてもったいない」という思いが湧き起こったのかもしれない。

南米先住民のお話「ハチドリのひとしずく」

ぼくは一度マータイとお会いしたことがある。来日した彼女を囲む集いのひとつにぼくも呼んでいただいたのだ。そしてありがたいことに彼女と直接話をする機会にも恵まれた。はじめて会うとは思えない親しみを感じ、またすぐに再会できるような気分で別れたのを覚えている。
でもそれはまぎれもなく、最初で最後の出会いだった。その貴重な機会に、ぼくはマータイに「ハチドリのひとしずく」というお話を紹介した。南米エクアドルで先住民の友人たちから教えてもらったお話を、今度はケニアの友人にプレゼントしたのだ。

森が燃えていました
森の生きものたちはわれ先にと逃げていきました
でも、クリキンディという名のハチドリだけは
いったりきたり
くちばしで水のしずくを一滴ずつ運んでは
火の上に落としていきます
動物たちがそれを見て
「そんなことをしていったいなんになるんだ？」
といって笑います
クリキンディはこう答えました
「私は、私にできることをしているだけ」

（『ハチドリのひとしずく』）

ぼくはマータイにこう言った。「砂漠に木を1本、1本、植えつづけ、人々の心に平和の種をまいてきたあなたこそ、燃える森に水のしずくを落としつづけるハチドリです」と。

彼女は両手を広げて、「ああ、本当になんて美しい話なんでしょう」と大きな声をあげた。そしてこう言った。「この短いお話にすべてが言いつくされていると思います。考えるだけで気が遠くなりそうな大問題を前にしても、私たちにできることはちゃんとある。一人ひとりがハチドリなんですね」

そして、この話をぜひ、世界中の仲間たちに教えてあげたい、とマータイは言った。ぼくに礼を言うときには、真顔でぼくを「ドクター・ハミングバード（ハチドリ博士）」と呼んだものだ。

帰国後間もなく、マータイはメールで、「グリーンベルト運動」を通じて「ハチドリのひとしずく」を運動として広めたいので、使用許可がほしいと言ってきた。あのお話はぼくのものでも誰かのものでもない、みんなのものだ、とぼくは伝えた。その後の彼女の行動力には驚いた。実際、アフリカからヨーロッパへと、「ハチドリ運動」は瞬く間に広がっていった。残念なことにマータイは2011年に亡くなってしまったが、フランスの「ムブモン・コリブリ（ハチドリ運動）」は10万人近いメンバーが結集する運動へと成長している。

ここでも、「MOTTAINAI」という言葉と同様、南米の先住民に伝わるお話が、さまざまな国の人々の心のうちに文化的な意味の共鳴を呼び起こしたのだと考えたい。

「ムダ」はひとつのモノサシにすぎない

「ハチドリのひとしずく」は日本でも広まって、いまでは小学校の教科書にも載っている。そのお話のなかにある1行、「そんなことをしていったい何になるんだ?」に注目してほしい。それは、「そんなことをしても何にもならない」という動物たちの思いを、反語的に表現している。言いかえれば、「ムダだよ」ということだ。

ハチドリはそれに、直接答えることはしない。動物たちの言うとおり、何をしてもムダなんじゃないか、もう手遅れなんじゃないか、と思っているのかもしれない。しかし、何もしないであきらめてしまえば、もしかしたら起こり得る何かも起こらない。それではあまりにも「もったいない」。自分たちにとって世界そのものである大切な森が燃えていくのを、ただ手をこまねいて見ているのは、あまりにも「もったいない」。自分にもできることがあるのなら、それをしないですませるのは「もったいない」。だから、「私は私にできること」をしたい。ハチドリはそう考えたのだろう。

ぼくたちはよく、「ムダだ」と断定する。モノやコト、存在や行為を、「それはムダだ」と。しかし、そのときふと、そう断定してしまっていいのだろうか、という疑いが起こる。「ムダ」ということにしてしまっていいのだろうか。「役に立たない」と決めつけていいのだろうか。それは、物事に秘められているある可能性を否定してしまうことになるのではないか。「何かの役に立つか、どうか」という見方のうちに収まりきらない意味をみすみす見失ってしまうのではないか。もしそうなら、それはあまりに「もったいない」。

「ムダ」というのは、いつでもある特定の視点からの、ひとつの価値判断にすぎない、ということを覚えておこう。それがある時空間の文脈のうちで、いかに優位で特権的な地位を占める視点であったとしても。ムダと断定されたモノやコトやヒトのなかに、その視点をすり抜ける、ほかの誰かや何かにとっての価値が、いや誰にも予想できない何らかの可能性があり得るのだ。これは、でも、驚くに当たらない。この世界のほとんどは、ぼくたちに見えないものや、予想できない可能性でできているのだから。

第1章

「ムダを省《はぶ》く」ということ

ムダをはぶく、人をはぶく

ムダをわざわざつくったり、増やしたり、ムダを求めたりする人はまずいない。ムダを探すことはあっても、それは、見つかったムダを減らす、なくす、はぶく、カットする、削減するためにちがいない。つまり、ムダははぶき、はぶかれるものである、と言えそうだ。

この「省《はぶ》く」という言葉で思い出すことがある。

ぼくの娘たちが小・中学生だった頃、何よりも恐れていたのが、友だちから「はぶかれる」ことだった。ある日突然、何の前触れもなく、友だちだと思って頼りにしていた子たちに、そっぽを向かれる。無視される。まるでそこに私がいないかのように。そしてそれはどうやら、仕組まれた仕打ちなのだという。ある日、はぶかれたと思ったら、翌日はまた何事もなかったかのように、友だちどうしの輪に迎えられる。誰がいつはぶかれるかはわからない……。

「はぶかれる」（いまでは「ハブられる」）という言葉がこのように使われるのを知ったのはそれが最初だった。友だちを無視するとか、逆に無視されるとかいうのは誰にでも身に覚えのあることだろう。しかし、はぶかれる可能性をいつも不安として抱えつづけている娘たちの窮状に、ぼくは背筋の寒くなる思いがしたものだ。「気にするなよ」と言ってはみても、それがどんなにつらい状況か、ぼくにも想像できた。いじめの一種にはちがいないにしても、これには何か、独特の残酷さがある。

そしてふと思ったものだ。これは、大人たちの世界の戯画ではないか、と。生身の人間が「人材」と見なされ、いじめられたり、疎まれて窓際に置かれたり。ポストを外されて左遷されたり、果てはリストラされたりする不安に駆られて大人たちは生きている。

それにしても、こうした大人の世界にもない「はぶき」の怖さは、ふだんは仲良くしている友だちの輪から、何の前触れもなく外され、また何の前触れもなくそこに戻されるということだ。「はぶく」という人間関係の力学を駆使することで、「はぶかれる」不安という慢性的な心理状態をつくりだす。それが、ある秩序の維持と強化に活かされる。

はぶかれた子は、このはぶかれた状態がいずれは、もしかしたら明日にでも、終わるものだと自分に言い聞かせて、傷ついた心を慰めようとする。しかし、問題なのは、ある思いが自分のなかにいついてしまうことだ。その思いとは「自分をはぶいた友だちにとって、私はかけがえのない存在ではなく、取り替え可能な存在にすぎない」ということだ。ある日、私が突然消えてしまったとしても、この子たちは、何事もなかったかのように生きていくだろう。まるで私など最初からいなかったかのように。

「はぶく」は怖い言葉なのだろうか。そうかもしれない。辞書によれば、それは「全体から一部を取り除いて減らす」という意味であり、その際、取り除かれるのは「不要」と見なされたものなのだ。不要なものをはぶくことで、「手間をはぶく」「時間をはぶく」こともできる。つまり、時間を「節約する」こともできるのである。

取り除かれるものの身になって考えてみると、どうだろう。はぶかれるのは、いままで全体を構成していたはずの、全体が全体であるためにはかけがえのない一部分なのだ。それがなきものにされる。するともう、全体もまたなくなる。新しい全体が生まれるからそれでよいといってすませられるだろうか。はぶかれた一部分は、どのような論理で、不要なものとされたのだろうか。

ぼくたち現代人は、「はぶく」ということに、あまりに無頓着になりすぎているのではないだろうか。いつでも、何でも、誰でも、はぶくことができるという思いこみがあるような気がする。でも、何らかの経緯と縁とでこの世に存在しているものに、一方的に、何の言い訳もなくはぶかれて、「なかったこと」にされていいものなど、はたしてあるのだろうか。

問題は、要と不要という、まるで死刑宣告のような区別である。

シンプルとはほど遠いシンプル・ライフ

コロナ・パンデミックの時代の合言葉のひとつは、不要不急。不要なこと、そして不急、つまり、いますぐには必要でないモノやコトやヒト。それにしても、要と不要とを何が隔て区別するのだろうか。この問いに答えるのは、じつは、多くの人が思っているほど簡単なことではない。

もちろん、コロナ禍であろうとなかろうと、他人に説教されなくたって、ぼくたちの多くは毎日――そしてたぶん四六時中――たいした苦労もなく、要と不要とをゴミの分別よろしく瞬間的に区別して、不要なモノやコトを〝ゴミ箱〟に入れているはずなのである。

しかし、昔からいつだってこんなふうだったわけではないだろう。それが問題なのだ。ぼくたちはいつの間にか、要・不要の区別こそが生きるということなのだという思いこみに囚われてしまっているのではないか。そして、その区別がさっさとできる人ほど、よりよく生きている、と信じはじめているのではないか。そればかりか、分別された不要なものをパッパッと処分する（なかったことにする）能力をもつ者こそが優れた人間であり、その能力を身につけるためにこそ、教育はある、と。

しかし、これは、とても恐ろしいことなのではないか。

ムダをはぶくことが重要視されている。経済の世界では当然のこととして、いまではそれが、個々人のシンプルな生き方の枢要であると考えられている。断捨離、ミニマリズム……。しかし、それが本当のシンプル・ライフを意味しているのだろうか。ぼくにはそうは思えない。

断捨離派もミニマリストも、ムダをはぶけるだけはぶいて、時間やスペースを節約し、自分の自立度や自由度を高めることを目指しているように見える。しかし、どうだろう。まず、彼らが暮らしているのはたぶん都会のなかだろう。彼らがはぶいたはずのムダはしかし、魔法のように消えてなくなってしまったわけではない。

例えばミニマリストたちはキッチンという、かつては多数の道具というモノたちから成り立っていた空間をはぶいたかもしれないが、だからといって彼らが食べることまではぶいてしまったわけではない。モノを少なくして、そのモノにまつわる時間と空間を節約する。その節約を可能にするのは、ITをたっぷり駆使した都市的なライフスタイル。ぼくはときどき断食をするのが好きなのだが、それは食べることから自由になるためではなく、逆に、食べることの意味を考え直し、食べものへの感謝の思いを更新するためだ。一方、ミニマリストのなかにいるキッチンをはぶいてしまった人たちは、キッチンというスペースとともに、キッチンというものに縛りつけられる時間を節約したいからだろう。でも食べていかねばならない。それで彼らは外食する。あるいは、デリバリーで届けられるものを家のなかで食べる。そういう食生活はすぐそこにレストランがあったり、迅速な宅配サービスがある場所、つまり、都会でこそ成り立つだろう。

食べものについて見ただけでも、すでに、食べるという単純な行動が、複雑なインフラ網や、その上に栄えたさまざまなサービス、そしてそれらすべてを含む巨大なグローバル・システム——そのチャンピオンがGAFAをはじめとするグローバル大企業——によって可能になっているのだ。とすれば、それってどれだけ自立して、自由で、シンプルなライフスタイルなのだろう？

ちょっと、意地の悪い言い方になってしまったかな。でも、ミニマリストだけを責めるつもりはない。自分を取り巻くモノの過剰にうんざりしているのは、ぼくも同じだ。そして、消費主義から抜け出そうとしながら、なかなか外へと出られないでいる点では、ぼくだって、似たり寄ったりなのである。

ムダとされたものはどこへ行くのか

コロナ禍で、ホテルなどに〝住み〟こんで、のんびり働く人々が現れた。スーツケースひとつに着替えの服などを詰めて、身軽で、気軽で、雑用から自由なシンプル・ライフによって、効率的に仕事を進めようというわけだ。だが、もちろん、ホテル代や食事代として支払われるお金は、はぶかれたムダな雑用を肩がわりする人々への報酬となる。つまり、ムダはただ消えてなくなってしまったわけではなく、よそに置き換えられただけ。

いや、ぼくがミニマリストについて言ったことは、彼らだけではなく、日本中のほとんど誰についても言えることなのである。そもそも、キッチンをはぶくとか、はぶかないとかいうそのはるか前に、キッチンにやってくる食べものたちが、生きものとして成長していた田畑や飼育場などは、都会という場所からすっかりはぶかれていたのである。

ミニマリストに限らず、なるべくモノを所有せずに、シンプルに軽々と生きる、という言い方もよく聞く。例えば、自動車や不動産を個人で所有するというムダをはぶいて、共同で使用するというシェアリング・エコノミーが注目されている。たしかにそれにはCO_2の排出を減らすという効果もあるし、高価なモノを所有するために必要な膨大な賃金労働や時間を節約するという人生にとっての大きな効用もあるだろう。

しかし、それでも、その背景に同じ複雑なインフラからなる巨大な経済システムがしっかりと立っていなければ、シェアリング・エコノミーというニッチが成り立たないのは事実だろう。とすれば、「シンプルで、軽々」は、じつはなかなか複雑で、重々しいものによって可能になっているのではないだろうか。「所有しない生き方」は相変わらず、地球上のほとんどすべてを「所有」しないではおかないしくみの手のひらに乗っている。

スマートフォンはスマートか？

現代のリッチでシンプルな生き方を可能にしているのは、スマートフォンに代表される、小さな機械のなかに凝縮された豊かな情報の世界である。これもまた、言うまでもなく、モノの資本主義から、情報の資本主義へ、という画期的な——ある人々に言わせれば革命的な——大転換の成果だ。その果実を存分に享受できる人は、しかし、世にやかましく宣伝されているほど、多くはない。大多数はそこから除外されている、というのは言いすぎだろうか。

もうひとつの大きな問題は、スマートフォンも立派なモノであるということだ。そこに使われるリチウムやほかのさまざまなレアメタルをめぐって、いわゆる先進国や巨大企業は、壮絶な競争をくり広げ、その強引な採掘は、生産国に深刻な環境破壊を引き起こしていることは、あまり知られていない。できた製品を動かすのには電気が必要で、そのために石油や石炭、ウラニウムなどを採掘し、輸送し、燃やすことが、環境や社会に大きな負荷を与えていることにも、まったく目新しさはない。スマートフォンのどこが「スマート」なのだろう？　モノから情報への転換で、ぼくたちの社会がなんとなく「クリーン」になったように思わされているとすれば、それは幻想でしかないのだろう。なんとなく、より合理的な方向へと社会が進化して、ムダなものが徹底的にはぶかれたように見えるが、じつは、要と不要を区別する基準がシフトしただけのこと。ある視点からよく見れば、世の中には相変わらず、ムダなモノやコトがあふれかえっているではないか。

問題はどうやら、「ムダをはぶく」ことにあまりに性急に傾いてしまった社会なのである。そんな社会が、かえって物事を増殖させ、この世界をこんなにも煩雑なものにしてしまったのではないか。人と人、人と自然のあいだにあるべき緊密な関係を分断し、人間を人類史上もっとも寂しく孤立した存在にしてしまったのではないか。だとすれば、それはなんと皮肉なことだろう。そして、あれがムダ、これもムダと、〝ムダはぶき〟に励んでいるうちに、自分自身が何よりムダな存在になっていた、なんてことはもう、何もめずらしいことではないのだと思う。

不必要なものが必要です

７、８年前のことだったと思う。ぼくと仲間たちは、思想家のサティシュ・クマールを日本に招いて講演ツアーを行っていた。鎌倉での、彼を囲む会も終わりに近づいた頃、ぼくと同じようにサティシュ（彼はいつでもどこでも、誰からも、ファーストネームで呼ばれることを望んでいる）を敬愛する友人が、こう質問した。

「無駄のないシンプルな生活を大切にすべきだと思いますが、たとえば、サイコロジー（心理学）という言葉のスペルは、発音されないPで始まりますよね。辻信一さんの造語スロソフィー（スロー学）という言葉にも、いちばん前に、発音しないPがつけてある。簡素な生活を送ることももちろん大事ですが、一方では、読まないPのような無駄を楽しむことも重要なのではないでしょうか」

一瞬、ぼくにはこれがその場にふさわしい質問とは思えなかった。ムダとまでは言わないが、それほど価値のある質問には思えなかった、というのが正直なところだ。だから、サティシュが身を乗り出すようにして反応したのには驚いた。彼は言った。

「それは非常に大事な指摘です。一見、何の目的もないものをもつことは大事なことなのです。逆に問題なのは、すべてのものを目的と結びつけて、目的からすべてを正当化するようなやり方なのです。それこそが、人生を、世界を、非常に硬直させたものにしてしまいます」

ぼくはガツーンとやられたような、でも同時に、ウキウキするような気分だった。ぼくは質問をした友人をチラッと見ながら、謝りたいような、同時に、感謝したいような気持ちだった。なんとぼくは彼の質問を、ムダなものとして心のうちではぶこうとしていたのだ！

「一見、役に立ちそうにない、なんの意味もないモノやコトを近くに置いて、それを楽しむ。これは一種のユーモアです。すべてのものが目的へと連結し、効率性に裏打ちされなければならないという社会の風潮への、一種の批判であり、諧謔《かいぎゃく》、皮肉、風刺でもある。詩もそうですね。何か目的があるわけではないし、何らかの役に立つというわけでもない。一見、それがなければ生きていけないというものでもない。ある意味ではムダです。これといった効用があるわけではないのですから」

そして、サティシュは質問への応答をこう締めくくった。

「同じことが芸術全般についても言えるでしょう。つまり、不必要なものが必要なのです」

役に立つ・立たないの枠の外へ

コロナ禍が始まって間もない2020年の5月、尊敬する音楽家、坂本龍一《さかもとりゅういち》のインタビュー記事を読んで、心洗われる思いがした。それは、「〝無駄〟を愛でよ、そして災禍を変革の好機に」（朝日デジタル）と題されていた。

坂本はまず「今回のコロナ禍で、まさにグローバル化の負の側面、リスクが顕在化した」と指摘する。生産拠点を海外に移してグローバルなサプライチェーンを築く。国外の安い労働力に依存する一方では、国内の労働力の非正規化を進める。こうしたやり方がうちに抱えこんだ矛盾が、パンデミックのなかで、顕わになったというのだ。坂本はそれを「グローバル化のしっぺ返し」と呼ぶ。

そしてこれに対処するには、「もう少しゆとりというか遊びを持った、効率とは違う原理をもつ社会の分野を、もっと厚くしないといけない」と言う。

〈社会保障を充実させることはもちろん、医療で言えば、人員も病床ももっとバッファを持った体制をつくるべきだし、経済で言えば、国内の雇用を安定化させ、生産も、より自国に戻していくべきです〉

「ゆとり」や「遊び」は、効率を第一義とする経済合理主義にとって、ムダなものとしか見えない。逆に、そうしたゆとりや遊びという「ムダ」をどれだけ抱えているかが、少なくとも社会の成熟度の指標となる、と坂本は考える。

今回のコロナ禍であらためて顕わになったのは、国による音楽や芸術への理解度の違いだ。文化相が「アーティストは必要不可欠であるだけでなく、我々の生命維持に必要」だという考え方に基づいて、文化施設と芸術文化従事者の支援に手厚い予算を組んだドイツとは対照的に、日本の政府や行政による支援は乏しい。草の根で、クラウドファンディングなどでアーティストやミュージシャンを支援する「動きが広がっているのは、本当にうれしい」と坂本。

でもその一方で、彼はこうも言う。

〈根本的には人間にとって必要だからとか、役に立つから保護するという発想ではダメです。芸術なんてものは、おなかを満たしてくれるわけではない。お金を生み出すかどうかも分からない。誰かに勇気を与えるためにあるわけでもない。例えば音楽の感動なんてものは、ある意味では個々人の誤解の産物です。（中略）何に感動するかなんて人によって違うし、同じ曲を別の機会に聴いたらまったく気持ちが動かないことだってある〉

坂本は、「役に立つアート」という考え方そのものに危うさを感じる。かつてナチス・ドイツがワーグナーの音楽を国民総動員に利用するとともに、役立つアートと役立たずのアートを峻別した。アートを政治目的に利用したのは、戦時中の日本や旧社会主義圏の国々も同様だ。自分自身の音楽についても、「何かの役に立つこともない」し、「役に立ってたまるか、とすら思います」と言う。

〈芸術なんていうものは、何の目的もないんですよ。ただ好きだから、やりたいからやってるんです。ホモサピエンスは、そうやって何万年も芸術を愛でてきたんです。それでいいじゃないですか〉

グローバル化がもたらした危機を、さらなるグローバル化によって、さらなる効率化や合理化によって切り抜けようとするのか、はたまた、「役に立つ」という発想そのものを超えて、遊びやゆとりといった「ムダ」をあえて取りこんでいくのか。社会は曲がり角に立っているように見える。坂本のインタビュー記事の見出しに、こんな言葉があった。

「芸術なんて役に立たない」　そうですけど、それが何か？

第2章

「ナマケモノ」の視点で経済成長を見る

ナマケモノには「ムダ」がない

中南米で森林保護とマングローブ植林の活動に参加していたぼくは、ナマケモノという失礼な名前で呼ばれる生きものと浅からぬ縁で結ばれることになった。いま思っても不思議なくらい、ぼくはたちまちこの動物に夢中になって、未だ謎の多いその生態について学ぶために、あちこちを訪ね歩いたり、資料を読みあさったりすることになった。おかげで多くのことを教えられた。なかでも重要な教訓は、自然にムダはない、ということだった。ナマケモノはそれを見事に体現している。

ナマケモノというのは、もちろん、心ない人間たち——もともとそこにいた先住民ではなく、中南米を植民地にした欧米人たち——がつけた名前だ。それは、この動物がほとんどの時間をまるで眠ってでもいるかのようにじっと動かずに過ごすからであり、また動くときにも、まるで不精な人間のように、ゆっくりとしか動かないから、である。忙しく餌をあさって動きまわる動物、とくに近代的人間にしてみれば、ナマケモノは存在自体がムダの塊みたいな奴だと思えたのだろう。

なかでもミツユビ（ミユビ）ナマケモノは動きがスローだ。捕食者のうようよいる熱帯雨林で生きていくには、そののろさが大きな障害となりそうに思える。しかしじつは、動きが遅いのは筋肉が少ないからで、それはなるべくエネルギーを使わずに、葉っぱだけを食べて生きられるように進化した結果ともいえる。高エネルギー性、高タンパク性の食物をとる必要がなければ、それをめぐって、ほかの動物たちと競合しなくてもいい。また筋肉が少ない分、体重が軽くなり、高木の上方の細い枝にもぶら下がることができ、それだけ天敵から襲われる心配も少ない。

また、ナマケモノがいつもめったに動かないというのも、動くものには鋭敏な目をもつが、動かないものはほとんど見えないという猛獣や猛禽類から身を守るための知恵だと考えられる。どこから見ても、ムダがない。平和だ。まさにスローライフ、シンプル・ライフではないか。

ナマケモノは動物でありながら、より植物的な方向に進化したのかもしれない。ぼくたち人間は、動ける動物のほうが動けない植物より進化しているとか、高級だとか、わけもなく思いこんでいるが、それは逆ではないだろうか。植物たちは一見じっとしているが、怠けているわけでも寝ているわけでもない。彼らは動くことなく、すべて必要なものを手に入れ、しかも、動物にとっての生きる糧まで与えてくれる。動物のようにムダに動きまわることなく、植物はじっと一ヵ所に根を張り、枝を伸ばして、花を咲かせ、実をつける。するとその周りに、すべてのものが動いてきてくれるのである。そんな植物に見習いながらナマケモノはナマケモノになったのかもしれない。

ナマケモノは数本の樹木を自分のテリトリーとして生きているといわれる。動くといっても、小さな領域だけ。せいぜい、雨が過ぎたあと、濡れたからだを陽光で温めるために木の高みへと登っていくときとか、排泄のために木の根元へと降りていくときとか。そうやって動くときには、天敵に見つかりやすい。ずっと謎に包まれていたミツユビ（ミユビ）ナマケモノの排泄パターンがやっと明らかになったとき、研究者たちのあいだに衝撃が走った（にちがいないとぼくは思う）。7、8日に1度、木の根元に降りてきて、地面にお尻で浅い穴を掘って糞をする。こんなに動きの遅い動物にとって、もちろん地上はもっとも危険な場所だ。しかし、生態学者たちが解明したところによると、それはナマケモノが、食べものである葉っぱを供給してくれている木の根元に糞をすることで、もらった栄養をその木の根に確実に返そうとする涙ぐましい行動なのだ。

サルたちのように木の上から糞をまき散らせば、高温多湿のジャングルでは、地表であっという間に微生物たちが分解してしまい、土を肥やすことにも、根に栄養を届けることにもならない。どうやらナマケモノは命がけで、排泄物のギフトを自ら、木の根とそこに住む微生物に届けている。そうやって、自分を養ってくれる木々を、逆に支え、ひいては森を育てるというわけだ。これぞ、まさに循環型でムダのない、〝持続可能〟な生き方というものではないか。

ハチドリの一滴ならぬ、ナマケモノの一塊である。

こうしてナマケモノは、ぼくのその後の人生に大きな影響をもたらすことになった。1999年にぼくは友人たちや当時のゼミ生たちといっしょに、「ナマケモノ倶楽部」というNGOを立ち上げ、ナマケモノをシンボルとするスローライフ運動を始めた。誰かが親切に〝ナマケモノ教授〟と名づけてくれたが、人はあまりその名でぼくを呼びたがらない。それも親切心にちがいない。

勤勉の思想と怠惰の思想

自己紹介の続きをやろう。ぼくはアマチュア落語家だ。友人で、こちらはホンモノの落語家、古今亭菊千代《ここんていきくちよ》師匠のもと、ど素人の仲間たちが、やはりぼくの友人である坊さんのお寺に集まったのが十数年前。一門に何という名前をつけようか、と思案しながら、窓の外を眺めれば、目に入ってくるのは、墓、また墓。やがて閃いた。「そうだ、ぼちぼち亭だ！」（わかる方だけに笑っていただければいいんです……）

年に2回は公開でぼちぼち亭の発表会をやらせてもらっている。ぼくの一席は、たとえばこんなふうに始まる。

> ぼちぼち亭ぬうりん坊でございます。私の「ぬうりんぼう」というのはちょっと変な名前ですが、これはお隣の韓国の言葉で「ナマケモノ」という意味でして。これは落語にはじつにふさわしい名前なんですね。というのも落語にはしょっちゅう「怠け者」が出てまいりますから。
>
> キリスト教の世界では「死に至る七つの大罪」てえのがあって、なんとそのひとつが「怠惰」、つまり「怠けること」だったというから恐ろしい。でも、いまの日本でも、決して他人事じゃないかもしれない。どうでしょう、怠けてるだけで、薬飲まされたり、どっかに収

容されちゃったりするんじゃないですか。

そこいくてえと昔はよかった。昔話には三年寝太郎とか、物くさ太郎、そして落語にも与太郎なんていう立派な怠け者のヒーローたちがたくさん出てまいります。

さて今日お話しさせていただく「無精床《ぶしょうどこ》」も、ナマケモノの床屋のことでございまして……。


少し乱暴な言い方をさせてもらうと、世界にはふたつの思想の流れがあった。ひとつは勤勉の思想、もうひとつは怠惰の思想、つまり働き者の哲学と怠け者の哲学だ。ぼくたちはたいした根拠もなく、なんとなくいつでもどこでも主流なのは働き者のほうで、怠け者はとるに足らないはみ出し者やアウトローのことにすぎないと思っていはしないか？　しかしじつは、このふたつの流れはぼくたち自身のうちにも脈々と流れつづけている、とぼくは確信している。ただ、自分のうちの働き者ばかりえこひいきして、怠け者のほうは軽視したり、無視したりしてきた。でも、それは考えてみれば、一種の自虐にほかなるまい。

怠け者に対する世間の風当たりも強い。そして強くなるばかりだ。まさに、「怠けてるだけで、薬飲まされたり、どっかに収容されちゃったりするんじゃないですか」だ。

しかし、である。よくよく見れば、古今東西、民話や神話のなかで、怠け者のヒーローたちが大活躍して、しばしば働き者たちをギャフンと言わせてきたようなのだ。

怠け者ディオゲネスをうらやんだアレクサンドロス大王

まず、2400年ほど前のギリシャの哲学者、ディオゲネスに登場してもらおう。

ソクラテスの孫弟子といわれるディオゲネスは、のら犬のような暮らしぶりや、大樽の中で夜露をしのぐその様子から、「犬のディオゲネス」とか「樽のディオゲネス」とかと呼ばれてきた。師の教えのとおり、物質的快楽を求めず、物乞いのような生活をしながら、無私無欲の思想を貫いたディオゲネス。みなが畏怖し、へりくだるアレクサンドロス大王を前に、ただひとり、堂々と対等にわたり合ったという。このふたりのやりとりを描いた以下の記述は、さまざまな逸話を、ぼくが勝手に構成させてもらったものだ。史実としてではなく一種の伝説として受けとってほしい。


ある日、ディオゲネス老のもとを、若きアレクサンドロス大王が訪ねてきた。世界征服を夢みて、大軍を率いてペルシャ、インドへと遠征した世界史上有数の英雄アレクサンドロス大王が、である。それは、彼が大軍を率いて東方へ向かう途中だったともいわれる。怖いものなどないはずの大王は、なぜかディオゲネスの存在がよほど気になったのだろう。大王は話しかけた。

ディオゲネスは、彼が暮らす大きな樽から出て、裸で寝そべって、川辺の砂の上で日光浴をしていた。その神々しい姿を見て、アレクサンドロスは畏怖の念に駆られて話しかけた、という説もある。

「余は、そなたのために何かをしてさしあげたい。何をご所望かな？」

するとディオゲネスは言った。

「そこに立たれると日陰になるからどいてくれないか」

大王は、さぞかし動揺したのだろう。その帰り道で周囲にこうもらしたという。

「もし私がアレクサンドロスでなければ、ディオゲネスになりたい」

帰り道ではなく、ディオゲネスの面前でこう言ったという話もある。

「生まれ変わるときには、神に求めよう。私を再びアレクサンドロスにするかわりに、ディオゲネスにしてほしい、と」

するとディオゲネスは笑いながら言った。「あなたはたったいま、変わることができる。それを誰が妨げているかね？」

さらにディオゲネスは続けた。「これだけの軍隊を引き連れて、あなたはいったいどこに行こうとしているのか？　そして何のために？」

アレクサンドロス大王は胸を張ってこう言った。「余は全世界を征服するためにインドに行くところだ」

「その後、あなたはどうするつもりなのか？」と、ディオゲネス。

「世界を征服したら、休むことができる」とアレクサンドロス。

ディオゲネスは笑った。「それはおかしい。私は世界征服などしなかったが、いまこうして休んでいる。あなたも休みたいのなら、なぜいまそうしない?」

そしてこうつけ加えた。「もしいま休めないのなら、あなたが休むことは永遠にないだろう」

祖父と孫くらい歳が離れている哲学者と大王は、同じ年に死んだとされている。いや、同じ日に死んだという話もあって、それによると、ふたりは神のもとへと向かう途中で、再会する。そのとき、ディオゲネスは若くして死んだ大王に向かって、こう言ったという。

「あなたの生涯は無駄だった。あなたは生を取り逃がしてしまったのだ」

「あなたの生涯は無駄だった」とは、またなんと厳しい言葉だろう。自分が、死を前にしてそう言われることを想像してみてほしい。

一方、こう考えることもできる。アレクサンドロスは、すでに、人々からは英雄と崇《あが》められながら、戦まみれの自分の生涯にいったいどんな意味があるのか、と疑いを抱いていた。そして、世間からはムダに時間を過ごしているとしか思われないディオゲネスの生き方に、畏敬と羨望の念を抱いていた。自分の生涯がムダだというのは、アレクサンドロス自身の心のうちから聞こえてくる声だったのかもしれない。

はたして「無駄な生」というものはあるのか? 「無駄死に」とはどういう死のことか? 無駄死には生をムダなものに変えてしまうのか? これらの深遠な問いを、いまはひとまず、謙虚に受けとめておくだけにしておこう。

怠けるのがムダか、働くのがムダか

ただ、ディオゲネスが発した「休みたいなら、なぜいま休まない？」という痛烈な問いについては、もう少し、ここで考えてみたい。あれ以来、じつは、この問いを世界中あちらこちらの怠け者たちがしつこくくり返してきたのだ。

江戸の小話にもこんなのがある。長屋の大家と怠け者の若者の会話だ。


「なんでぇ、いい若いもんが、寝てばかりいねえで、起きて働け」

「働くとなんかいいことあんすか？」

「そら、働けば、銭が稼げらあ」

「銭稼ぐといいことあんすか？」

「そら、稼げば、金持ちになる」

「金持ちって、なんかいいことあんすか？」

「そら、金持ちになったら、もう働かずに寝て暮らせる」

「それなら、もうやってます」

これとほとんど同じ話を、ぼくはヨーロッパでも、南米でも、東南アジアでも聞いたことがある。どうやら似たような話が、世界のあちこちに流布しているらしい。

仏文学者の多田《ただ》道太郎《みちたろう》（1924〜2007）は、『物くさ太郎の空想力』で、右の江戸の小話とともに、こんな話も紹介している。

東南アジアで開発のための融資を手がける日本人の銀行家が嘆いたという。現地の住民たちが一生懸命に働かない、商売に精を出さないのを見かねて、一度、ある人をつかまえて、なぜもっとがんばって金を稼がないのかと言ってやった。するとその人は、金持ちになるといいことありますか、と聞き返す。

「そうすれば別荘でも建てて、のんきに寝て暮らせるじゃないですか」という銀行家に、相手は応えた。「ああ、それならもうやってます」

ここに挙げた例はどれも、片方が他方を上から目線で見下ろす位置に立つ。見下ろすほうは働き者、見下されるほうは怠け者。働くか怠けるかで両者のあいだの非対称性（王と物乞い、大家と店子、銀行家と現地人）は生み出された。だから、前者は後者のために、親切に、さあ、下から上へとあなたものぼってきなさいとアドバイスをするのだ。

下から上へと、富、権力、名誉を求めて、懸命に働いてきた人々が、いざ上に上がってみると、そもそも、その富や権力や名誉はいったい何のためだったのか、わからなくなっている。一方、怠け者たちは、働くというそのこと自体が、自分たちが享受している安楽を犠牲にするということに感づいてしまっている。

働き者と怠け者はともに、お互いに対して、「なんてムダなことをしているのだ」と思う。大家は働かない若者の怠けぶりに、若者は大家の働きぶりに「ムダ」を見ている。多田によると、安楽に暮らしたいという目的は、人類のほとんどどの社会にも共通している。目的は同じようなものなのに、その目的のためにどういう手段をとるかで違ってくるのだ。

「働き者と怠け者」という人と人との関係は、国と国との関係についても言える。先進国と呼ばれる国では、「安楽に暮らしたいという目的」のためにとる「手段を無限に複雑化していくことによって、かえって目的が遠ざかっていく、あるいは手段が目的に転化してしまい、しかもそれに気づかない……」。多田はこれを「倒錯現象」と呼び、それが、「先進国の側で哲学として起っているのではないか」と言う。そして、いわゆる「先進国」の我々がいわゆる「途上国」の人たちから、「へえ、もうのんきにやってます」などと言われると、「もう裸の王さまみたいなもので、どうにもならなくなってしまう」のだ、と。

こうして多田が、いわゆる先進国の側へと返ってくる「へえ、もうやってます」という声に、「低開発地からのショック」を感じてから、すでに、半世紀以上の月日が経ってしまった。そして、いまやグローバル化の末に、富の格差はグロテスクなほどに広がり、その一方では、まるで世界中のすべての国が無限の経済成長を目指し、誰もが働き者になって、不遜な怠け者の姿などもう消えてしまったかのようにみえる。しかし、本当にそうなのだろうか。いやいや、かつて多田がいった「怠惰の思想」のパワーはいまも、世界を揺さぶる力を保ちつづけている、とぼくには思えるのだ。

経済力=幸福度?

「へえ、もうやってます」で思い出すのは、ブータンのことだ。コロナ・パンデミックがやってくる直前まで、ぼくはブータンに年2、3回は通っていた。面積は九州ほど、人口は80万にも満たない小さな国だが、何度行っても飽きない。いったい何にぼくは惹かれているのか、それを自分なりにずっと考えている。

「GNH」という言葉に好奇心をかきたてられたのが最初だった。それはジグメ・シンゲ・ワンチュク第4代国王（在位1972〜2006）が自らあみだした言葉らしい。正式には、1976年、国王が「GNPよりGNHのほうが大切である」と記者会見で語ったのが最初だといわれる。経済の成長を測る指標としてよく使われていた「GNP（国民総生産を意味するgross national product《グロス・ナショナル・プロダクト》の頭文字）」をもじって、product《プロダクト》（商品）の「P」のかわりに、happiness《ハピネス》（幸せ）の「H」を入れる。つまり、「GNH」は一種のダジャレだったのだ。日本語ではふつう、「国民総幸福」と訳されている。

ユーモアあふれるこの「GNH」という言葉をめぐっては、憶測も含めたさまざまな説が語られていて、いったいどれが事実なのかを見極めることは難しい。次の話は、ぼくが聞いたいくつかの説をぼくなりにひとつにまとめたものだ。

キューバで開かれた国際会議の帰途、インドの記者たちに「ブータンのGNP（国民総生産）は？」と質問された第4代国王は「GNPとは何ですか」と聞き返したらしい。インドの記者たちはこれに対して、いや、知らないはずはない、あなたが出席したばかりの会議ではGNPこそが議題だったのだから、と反論した。

すると国王はこんなふうに答える。「知っていることと知らないことは、人によって異なります。それでは逆に私のほうからあなたがたにお聞きしますが、GNHを知っていますか？」記者団はもちろん知らない。国王は言う。「私がGNPを知らないことはありえない、とあなたがたは言うけれど、逆に、私が知っているGNHを、あなたがたは知りませんよね」

では、その「GNH」とは何かとたずねる記者たちに、国王はその意味を説明し、「私にはこのほうがGNPよりも大切なのです」と答えて、会見を終えたという。

当時のブータンのGNPが世界最低クラスであることを記者たちはよく知っていたはずだ。それをわざわざたずねるという、ちょっといじわるな質問に対して、国王はまっすぐ答えるかわりに、ダジャレで応えた。そしてこう言おうとしたのだろう。たったひとつの基準で人々を比較することができないように、GNPだけで国を比較したり、評価したりすることはできないんですよ、と。

1年間に生み出された生産物やサービスの金額の総和を意味するGNPは、GDP（国内総生産）とともに、その国の経済の力を表すものとして使われてきた。それをよく承知のうえで、第４代国王はこう言いたかったのではないか。お金で測られる豊かさは、必ずしも人々の幸福を意味しない。ブータンはＧＮＰでは最低だとしても、国民はなかなか幸せに暮らしていますよ、と。

小さな国の王によるダジャレとして始まったＧＮＨだが、その思想には大きな力が潜んでいたようだ。ブータンではその後40年以上、国をあげて「ＧＮＨ研究」に取り組んできた。２００８年にブータンは王制から民主主義（イギリスに似た立憲君主制）の体制へと変身した。この大変革を自ら先頭に立って率いた第４代国王はこれを機に引退し、息子のひとりが、新体制下で最初の国王となった。公布されたブータン国初の憲法には「ＧＮＨ」という言葉が明記されて、それが国の基本的な指針として再確認された。ＧＮＨは国連でも注目され、２０１１年にはブータンが提案した「社会の発展に幸福という観点をもっととり入れる」という決議案が国連総会で採択された。こうした展開を前国王本人がどう思っているのかは残念ながらわからない。一度誰かが質問してみたが、前国王は持ち前のユーモアを発揮して、「え、ＧＮＨって何だっけ？」と答えたそうだ。

計測できないものの価値

ＧＮＨが広まったのはうれしいことだが、ちょっと困ったこともある。ＧＮＨというのが、ＧＮＰやＧＤＰ（国内総生産）のように、数字で表すことのできる指標だと思いこむ人、思いたい人が多いのだ。数字で表せない、つまり、計測できないものなら、経済学のような学問の対象にならないし、まじめに取り上げる必要はなくなってしまうというわけだ。

しかし、だ。第4代国王があのダジャレに込めた重要なメッセージが、「この世には計測できない大切なものがある」ということだったとしたらどうだろう。

ぼくは思う。「GNH」とは、GNPにかわる指標の提案ではない。経済という〝土俵〟にかわる、幸せという〝土俵〟の提案でもない。それはむしろ、グローバル経済競争の〝土俵〟に弱小国を引きずりこもうとする大きな圧力への抵抗であり、進んで土俵に乗ろうとする、ほかの「途上国」への警告だったのではないか、と。

ブータン政府は、幸せな社会の条件として、経済的な生活水準の向上とともに、自然環境の健全さ、伝統文化や精神性の豊かさ、家族やコミュニティの活力、個々人の心身の健康や時間的なゆとりなどを挙げている。考えてみればすぐわかるように、自然の健全さを、その自然が人間に与えてくれる恩恵を、文化の活力を、その恩恵を、どう測れるだろう？

逆に、測れるものだけを信じ、測れない価値を「ムダ」として片づけるという心のあり方こそが、社会に深刻な問題を引き起こし、人間を不幸せにするのではないか。

ブータンという小国にGNHというユーモラスな言葉が登場する少し前、アメリカという大国に、GNPやGDPという指標の危険性に警鐘を鳴らしていた政治家がいた。その名はロバート・ケネディ（1925～1968）。アメリカの次期大統領の最有力候補だった彼は、１９６８年６月６日、実兄の第35代アメリカ大統領ジョン・Ｆ・ケネディ（1917～1963）と同様、暗殺されてしまう。

　その2ヵ月あまり前、大統領選に向けての選挙キャンペーンのスピーチで、彼はＧＮＰについてこう語っていた。アメリカは世界一のＧＮＰを誇っている。しかし、そのＧＮＰのなかには、何が含まれているのだろう？

「空気汚染や、タバコの広告や、多数の交通事故死者を運ぶ救急車。家を守るための特殊な鍵、それを破って侵入する犯罪者たちを収容するための監獄。原生林の破壊や都市化の波もＧＮＰを押しあげる。戦争で使われるナパーム弾も、核弾頭も、街頭のデモ隊を蹴散らす警察の装甲車も。ウィットマン社製のライフルもスペック社製のナイフも、子どもたちにおもちゃを売るために暴力を礼讃するテレビ番組も」

　その一方で、とロバート・ケネディは次に「ＧＮＰに勘定されないもの」を挙げていく。

「子どもたちの健康も、教育の質も、遊びの楽しさもそこには含まれていない。詩の美しさも、夫婦の絆の強さも、市民の知恵も、勇気も、誠実さも、慈悲深さも……」

　そして彼はこう結論づける。

「要するにこういうことだ。国の富を測るはずのＧＮＰからは、私たちの生きがいのすべてがすっぽり抜け落ちている」

　これをこう言いかえてもいいだろう。「豊かさ」を測るはずのＧＮＰからは「幸せ」がすっぽり抜け落ちている、と。ロバート・ケネディがあの年の11月に大統領に当選していたら、いま頃どうなっていたのか、とついムダなことを考えてしまうのだ。

たしかに、あれから半世紀以上、豊かさのために幸せを犠牲にするようなやり方が、世界中を席巻してきた。でも、忘れてはいけない。ほとんどの人々はいまでも、GNPで測ることのできない大切な物事に重きをおいて暮らしているのだ、ということを。

そして、この章で見てきた怠け者たちの「へえ、もうやってます」という不遜なつぶやきは、いまも、あちこちにこだましている。そのつぶやきのなかには、一連の問いが秘められている。そもそも、経済成長とは、いったい何のためだったのか。計測できない大切な価値を〝ムダ〟と見なして、計測できる〝富〟を増やすために、みんなが懸命に働いては消費に励んできたのは、何のためだったのか。地球環境をこれほど破壊してまで、戦争を引き起こしてまで、私たちが目指してきたのは何だったのか。

安楽で幸せな暮らし？　だったら、「もうやってます」。そりゃ、十分とは言えないし、問題も絶えないけれど、失いたくないたくさんのモノやコトやヒトとの縁に恵まれて、こうして幸せに生きています。少なくとも、ぼくが出会ったブータン人の多くがそう感じていると、ぼくには信じられた。

第3章

複雑化した世界でのシンプルな暮らし

つながりと関係性を大切にするエレガント・シンプリシティ

ぼくが師と仰ぐサティシュ・クマールの著書『エレガント・シンプリシティ』という本を日本語に翻訳させてもらった。このタイトルをあえて訳せば、「簡素で美しい生き方」となる。サティシュによれば、精神的にも、物質的にも、シンプルに生きることができれば、それは美だけでなく、健康にも、幸せにも通じる。シンプルとはそんなマジックワードのような言葉なのである。

シンプルな生き方とは、余計なモノやコトや複雑な人間関係をムダに抱えこまないで身軽に生きることだと言っていい。抱えこんでしまってから断捨離をするのではなく、そもそもムダになりそうなものを持たないことだ。とはいえ、シンプル・ライフは単に生活の場面にモノやコトやヒトが少ないことを意味するのでもない。むしろ、シンプル・ライフの要点は、モノやコトやヒトとのつながりや関係性を大切にすること。大切にできないような物事や関係を抱えこまないことだともいえる。抱えこんでしまってから、それらをムダと見なして切り捨てたり、お払い箱にしたりすれば、捨てるほうも、捨てられるほうも、心が傷つく。

ちなみに、サティシュは、動植物や微生物といった生きものにはもちろん、人間がつくったものにも、岩や川や海といったものにも、心がある、と考えている。ムダとされて処分されたり、廃棄されたりすれば、モノたちもその心を痛めるというのだ。考えてみれば、もともと自然界には何ひとつムダなものはなかったはずだ。何かをムダと見なしたり、ムダ（と見なした何か）をはぶいたりするのは人間だけの視点からであって、そこには横暴さ——一種の暴力——が働いているともいえる。だから、断捨離という言葉が示しているように、ぼくたちが断ったり、捨てたり、離れたりするとき、相手のモノやコトやヒトは傷つく。ムダとされることで、尊厳を傷つけられるのだ。

サティシュは長年、有名なエコロジー雑誌「リサージェンス」の編集主幹を務めたり、エコロジー思想を学ぶ教育機関「シューマッハー・カレッジ」を立ち上げたり、そこで教えたりしてきた。彼のいうエコロジーとは単なる物質世界についての学問ではないし、エコロジー運動とは単なるモノとしての自然環境を守ることではない。

彼は、この世界のすべてのものが網の目のようにつながり合い、互いに依存し合い、支え合っている、と考える。岩、土、川、海、空気、そしてすべての生物は絶妙に絡み合って、この地球に参画し、そして見事な調和をつくりだしている。その調和は、地球が魂をもった一種の生命体であることを示している、とサティシュは考える。そこには、無意味なものも、ムダなものもない。無限に多様で複雑（complex）なのに、まったく煩雑（complicated）ではない。

これがサティシュのいうエコロジーであり、エレガントで、シンプルで、ピースフルな自然界のありようなのだ。

サティシュは言う。

〈私たちのからだはたいへん複雑（コンプレックス）にできているし、体内の細菌や微生物の生態も複雑だ。でも同時に、からだはとてもシンプルだ。みんな自分のからだとなかなかうまくつきあっているではないか。食べたり、シャワーを浴びたり、からだを洗ったり、トイレに行ったり、眠ったり。私たちはとてもシンプルなやりかたで、この複雑な構造をもつからだを使いこなしている。からだの世話をするのに、博士号は必要ない〉

煩雑で混沌として、不調和で対立に満ちているのは人間がつくりだした世界だ。そこにはムダなものが満ちている。それはしかし、もともとそこにムダなものとして現れたものではない。あるものを人間本位の観点からムダと見なして、それにかわるものをつくり、あるいは逆に、新しいものをつくり出すことで、もともとムダではなかったものをムダなものにする。神さまがこの世界を創ったとき、そこにはムダなものがあっただろうか。宗教的な信仰がない者にも、自然界に何ひとつムダなものがない、ということはわかる。それがエコロジーというものだ。

ぼくたちが「ムダをはぶいて、よりシンプルに」という場合、何をムダと見なすかによっては、むしろ、事態はより複雑でこんがらがったものになる。効率化や単純化は往々にして、モノやコトやヒトのあいだにあったシンプルで大切なつながりを壊して、かえってムダを増殖してしまう。「もっと、もっと、もっと」とムダをはぶき、「もっと、もっと、もっと」と、より速く、より多くモノやサービスをつくり、売る。経済の世界で叫ばれつづける効率化と、それによる生産性の向上にもかかわらず（いや、それゆえにこそ）、世界はモノやコトであふれかえり、それらを生産し消費する過程で出たゴミは、いまや地球を窒息させるほどに膨れあがっている。

ムダの経済、経済のムダ

サティシュは言う、「無限にムダをつくりだすのが現代の経済だ」と。例えば、現代の経済にとってエンジンのような存在ともいうべき、広告業をとってみよう。広告とは、それなしにも人が生きていけるもの、つまり、きつい言い方をすれば不必要なもの、ムダなもの、を売りこむ方法だといえる。そうでなければ、どうして、ひとつの商品の価格の半分以上を広告宣伝費が占めるなどということが起こり得るだろう。

サティシュがつくったシューマッハー・カレッジでときどき講師を務めるマーク・ボイルは辛辣だ。かれの著作『無銭経済宣言』によると、現代の経済とは、ほかの生きものたちのすみかのムダ使い、澄んだ空気と水のムダ使い、労働者の人生のムダ使いでできているという。そして「おびただしい量のお子さまグッズや大人の精神安定剤代わりのデジタル機器」こそが、ムダの本当の意味だ、と。

『エレガント・シンプリシティ』でサティシュも、経済がムダの上に成り立っていることについてこう論じている。

〈イギリスでは四割近い食物がむだに捨てられている。賞味期限が過ぎたスーパー・マーケットの食品は埋立地に行き、温室効果ガスを発生する。それでもスーパー・マーケットはこうした食べものを飢えた人びとにあげようとはしない。（中略）食べものを無駄に捨てることは合法で、

飢えた人に食べものをあげるのは不法〉

また、ゴミ問題についてはこう言っている。

〈鉱山、畑、森林など、自然界から貴重な資源をとり出しては、消費のための商品へと加工し、使用し、埋立地に捨てる。この直線的《リニア》な経済は、循環的な自然界の〝経済〟と対照的だ。（中略）自然ではすべてがサイクルのなかにある。時間のサイクル、命のサイクル。すべては輪を描いている。太陽は、月は、そして地球は丸い。木も丸いし、私たちの頭も丸い。経済もまた丸くあるべきだろう。自然からとりだしたものは、すべて使い、その後すべて、また自然に戻りやすいかたちにして返してあげる。そうすれば、無駄、つまり、ゴミは出ない〉

コロナ・パンデミックが世界を覆った頃、注目されるようになった言葉がある。「エッセンシャル・ワーク」。それは社会にとって、コミュニティにとって、家族にとって、エッセンシャル、つまり、なくてはならない仕事を指す言葉だが、特に、医療や介護などの従事者、清掃、ゴミ処理など、コロナ禍でもリモートワークへの転換が不可能な、危険を伴う現場での仕事を指す場合が多かった。

仕事に「エッセンシャル（なくてはならない）」という形容詞がついたとたんに、ふと、考えてみたくなるものだ。それらがエッセンシャル・ワークだというなら、では、エッセンシャルではない仕事とは何だろう？　はたして、私の仕事は、あなたの仕事は、「なくてはならない」ものだといえるだろうか、と。

あなたの仕事はなくてもいい仕事？　なくてはならない仕事？

まさにこの問いに明快に答えてくれたのが、2020年夏、コロナ禍中の日本で出版された『ブルシット・ジョブ——クソどうでもいい仕事の理論』という、文化人類学者デヴィッド・グレーバーの著書だった。この本によれば、現代社会を支配しているのは、エッセンシャルではない、なくてもいい、ないほうがいいような仕事「ブルシット・ジョブ」なのだ。「ブルシット（牛の糞）」という言葉は、本当は無意味なのに、いかにも意味があるように装うことを意味する。

グレーバーによれば、合理主義に基づくものと考えられてきた現代市場システムは、皮肉なことに、じつは、膨大な量に及ぶ、きわめて非合理的で無意味な仕事——ブルシット・ジョブ——によって成り立っている。これまで社会の進歩というものは、経済成長、機械化、合理化などを通じて、どれだけ労働に従事する人数、家事に従事する時間を含む労働時間そのものを減らすことができたかによって計られてきた。しかし、どうだろう。21世紀には週15時間労働の世界が訪れるという経済学者ケインズの楽天的な予言は、外れたとしか言いようがない。

というのも、第1次産業の減少を補うように、管理職・事務職・サービス職に就く人の数は、この1世紀で増えつづけ、アメリカの仕事のうち4分の3を占めるに至った。そして、こうした仕事の大半がブルシット・ジョブなのだ、とグレーバーは言う。

「エッセンシャル・ワーク」とはその対極にあるものだ、といえる。日本では医療・介護職を指すことが多いが、本来なら、農業や漁業などの第1次産業といわれる仕事、教育や子育てに関わる仕事、さらには、無報酬の家事も含めて、社会にとって、コミュニティにとって、家族にとってなくてはならない広い意味での仕事を、エッセンシャル・ワークとしてとらえるべきだろう。しかし、誰もが知っているように、これらの仕事に与えられる報酬は、ゼロか、ブルシット・ジョブに比べて低く、また社会的な評価もきわめて低い。

いまや、多くの人にとって、ブルシット・ジョブにつくことが成功した人生のイメージであり、逆に、エッセンシャル・ワークにつくことは敗北のイメージだ。ましてや、お金にもならない家事は、それがどんなに「なくてはならない仕事」であっても、できれば「なしにすませたい雑用」であり、時間のムダだ。これはまたなんという〝逆立ち〟だろう。「なくてもいい」ことのほうが「なくてはならない」ことより価値があるとは！　だが、グレーバーが言うには、こうした倒錯がまるで正常なことであり、社会にはそれ以外に選択肢はないのだというあきらめを広めるのも「ブルシット・ジョブ」の重要な役割なのだ。

この倒錯の犠牲者は、しかし、エッセンシャル・ワーカーだけではない。ブルシット・ジョブについている人々もまた苦しんでいる。もちろん、ブルシット・ジョブも、それに従事することで、給料を受け取り、生活の糧を得ているという意味では、当人にとっては必要な仕事にはちがいない。でも、それだからといって、仕事そのものが、自分自身の欲求の充足を超えた、より普遍的な意義をもつ、「なくてはならない」ものだとはいえない。給料や地位を得ることの意味と、仕事の意味とが、つながっていないのだ。本当はたいした意味がない仕事なのに、いかにも意味があるように装う。ムダなのに、ムダではないかのようなふりをする。グレーバーの分析によれば、こうした自己欺瞞の意識が、ブルシット・ジョブに従事する人々の心を蝕んでいる。そもそも人は無意味さに耐えられない。意味の欠如をなんとか埋め合わせようとするかのように、人は他者をケアするということを求めずにはいられない。

この「ケア」という英語に注目したい。日本では、高齢者や障がい者の介護や介助を仕事とする人たちのことを「ケア・ワーカー」と呼ぶように、「ケア」が狭い意味に限定されて用いられている。しかし英語の「ケア」は、介護や看護といった福祉の分野を大きく超えて、関心、心配、思いやり、世話など、人と人、人と何かのあいだの精神的、物理的な深い関わりやつながりを意味する。「気にかかる」や「気にかける」も動詞の「ケア」なのだ。

困っている人がいれば、つい助けたくなる。いや、目の前にいなくても、いるだろうと想像して、何か自分にできることはないかと考える……。そういう広く深い意味での「ケア」こそが、「仕事」というものの原型なのではないか。そして、この意味での「ケア」としての「仕事」にこそ、人間の人間らしさが表れているのではないか。

グレーバーにならって、ぼくたちもこの「ケアとしての仕事」をもとにした「経済」を考えてみたらどうだろう。そこでは、人間どうしが互いにケアし、サポートすることで人間らしさを存分に発揮することを目的に、必要な物質的精神的なやりとりが組織される。こう再定義された経済がこの世に出現したあかつきには、これまでムダとされてきたことにこそ価値が見出されるだろう。逆に大事だと言われ、信じこまされてきたことが価値を失い、「私たちはなんというムダなことをしてきたのだろう」と人々はため息まじりに語り合うことになるかもしれない。

テクノロジーの進化が時間のゆとりを生むという幻想

ムダの経済を、もうひとつの側面から考えてみよう。

昔と比べて、いまのほうが便利だと思う人は多くても、いまのほうが暮らしはシンプルで時間に余裕があると言える人はどれほどいるだろう？　ぼくたちが生きているのは、人類史上でいちばん便利で、いちばん忙しい世界だ。考えてみれば、これは奇妙なことだ。なぜなら、飛躍的に進歩をとげたテクノロジーは、複雑な作業をシンプルにしてくれ、ムダな手間をはぶいて、大いに時間を節約してくれるはずだったのだから。

テクノロジーのおかげで、ぼくたちははたして、前より自由な時間が増えて暮らしにゆとりができただろうか。いや、逆に、生活からはますます時間がなくなり、誰もが忙しがっているように見えるではないか。まず、新しいスマホやパソコンや交通手段を手に入れるためには、たくさんのお金が必要で、それを稼ぐためには、自分の限られた時間から、大量の時間を工面しなければならない。また、はぶかれた手間や節約されたはずの時間は、さらに多くのことをするために注ぎこまれる。

サティシュの言い方にならえば、ドゥーイング（すること）が増殖しすぎて、いまでは、ビーイング（いること・あること）さえままならなくなっている。ヒューマン・ビーイング（人間）のはずが、いつの間にか〝ヒューマン・ドゥーイング〟という人間以外のものになっていた、というわけだ。

とはいえ、忘れてはいけない。単に生活の場面にモノやコトやヒトが少ないことがいいというわけではなく、むしろ、肝心なのは、モノやコトやヒトとのつながりや関係性を大切にすることなのだ。大切にできないようなモノやコトや人間関係を、むやみにつくったり、増やしたり、抱えこんだりするべきではない。大切なモノやコトやヒトは、量的には質素に見えても、それらとのよきつながりのために必要な「すること」は、少なくないはず。もうすでにあなたは忙しい。それで十分。それらの「すること」はどれもムダではない。なぜなら、それらはみなあなたが、いま、ここに、満ち足りて「いること」のために必要なのだから。

「すること」のために「いること」をはぶいてしまうなんて、それこそ、なんともったいない！　なんというムダだろう。ぼくたちが目指すべきなのは、「すること」と「いること」が対立せず、調和している生き方だろう。それが、サティシュのいう「エレガント・シンプリシティ」だ。

厳選したよい道具たちとよい関係を築く

なぜ、「いること」を忘れるほどに「すること」に没頭してしまうのだろう。ひとつの説明は、

「自分のものにする」という所有への欲求だ。「すること」への意欲も、「持つこと」によって駆り立てられる。それが執着というものの姿だ。これまで経済という機械を動かしてきたのは、まさにこの所有と執着というエンジンだったのである。こうして、ムダなモノやムダなコト（ドゥーイング）が際限なくつくり出される。

　では、ビーイング（いること・あること）をこそ中心にした経済があるとすれば、それはどのようなものか。サティシュの言う「エレガント・シンプリシティ」が、それを指し示してくれている。

《《エレガント・シンプリシティ》という理想を支えているのは（中略）より少ないモノでよりよく生きる技術《アート》です。大切なのは、どれだけ所有しているかといった「量」ではなく、「質」です。哲学者エーリッヒ・フロムが言ったように、所有より存在、「持つこと（having）」より「あること（being）」です。シンプルに生きるとき、人は《つくる》という行為そのものの価値を祝福し、その結果、成果、達成したコトやつくられたモノなどへの関心から離れていきます〉

　もちろん、モノは必要だ。モノへの過剰な関心、つまり執着は危険だが、シンプルな暮らしのためにはよい道具が必須なのだ。サティシュは、自分が目指すモノとの関係をこう表現する。少数ではあっても、取り替え可能ではない、使い捨てではない、有用で、愛着があって、美しいものたちとともに、それらを使って、それらに囲まれて生きていくこと。道具ということでぼくが思い出すのは、もう20年近く前に、真冬の奥会津を訪ねたときのことだ。新しい経済の姿は、案外、懐かしい過去のなかから、立ち上がるものなのだろう。

時は小正月、歳神《サイノカミ》と呼ばれる祭りの前日、家々では「団子さし」を飾り、道具類を並べてローソクに火を灯し、酒食を供えて「年とり」の行事を行う。

雪の降りしきるなか、地元の友人の案内で、マタタビ細工の名人として知られる、村の長老を訪ねる。コットンパンツにジャンパー姿、短く刈りこんだ白髪頭の下の精悍そうな顔にさわやかな笑顔を浮かべ、83歳の五十嵐《いがらし》翁は、ぼくたちを迎えた。

仏壇や神棚のある奥の間には、すでに団子さしが据えつけられている。木の枝に白、黄緑、桃色などの団子をさした餅花が、部屋に春めいた空気をつくり出している。奥さんの手作りのそば団子をごちそうになる。こんなものは都会じゃ食えねぇだろうから、と翁は遠慮するぼくたちを居間のこたつに座らせる。もう自分たちはそばづくりからは引退したが、村では昔から変わることなく自給している。そば打ち名人がここにはたくさんおるんです、と翁は言う。

今晩、奥の間で行う「年とり」の行事のために、仕事場に道具たちを並べてあるのを見てほしい、と翁はぼくたちを別棟に案内する。囲炉裏《いろり》のように一段下げた床の上の小さな薪ストーブに、乾いたカヤを押しこんで火をつける。瞬く間に部屋が暖かくなり、気づけばぼくたちはストーブを囲んで座り、談笑している。翁のすぐ横にはまるで博物館の陳列棚のように大小さまざまな形をした、刃物類が並んでいる。鉈《なた》、斧《おの》、包丁、鋸《のこ》。そのほとんどが、すでに同じものをつくれる刃物職人はもういないというような時代物だ。太い木を伐るための大鋸など、ぼくには片手で持ち上げるのがやっと、という重さ。五十嵐翁は立ち上がってその鋸の柄を握り、どうやって使うかを実演してみせた。

こうして、道具たちのほうに向いて話をしていると、まるでその話の輪のなかに道具たちも連なっているような気がしてくる。実際、五十嵐翁はまるで自分の仲間を紹介するように、一つひとつの道具について語ってくれた。人が新年を迎え、ひとつ年をとるように、道具たちもまた、ひとつ年をとる。そういえば、これらの道具のほとんどがぼくと同年輩か、ぼくより年上なのだ。

翁の背後の棚には、マタタビ細工の材料、つくりかけの笊《ざる》、籠《かご》などが詰まっている。窓辺には知り合いのそば屋に頼まれたというそば笊が行儀よく並んでいる。

マタタビ細工は、冬の仕事だ。何百年も昔から、雪深い冬に、先祖たちがこうしてさまざまな生活用具をつくってきた。五十嵐翁は、その長い時の連鎖の先に喜々として連なっている。縄文時代後期にこの地域でつくられていたマタタビ細工の破片が出土しているという。翁はまるで自分の祖父母を思い出しているといったなつかしそうな表情を浮かべながら、ウン、ウンとうなずいた。

シンプルな暮らしの複雑さと愉しさ

シンプル・ライフは、寂しいのではないか、単調でつまらないのではないか、暇をもてあますのではないか、と思う人がいるかもしれない。でも心配はいらない。そんな思いをもつ人のために、再びマーク・ボイルにお出まし願おう。

アイルランド奥地で究極の「シンプル・ライフ」を実践した生々しい記録を、『ぼくはテクノロジーを使わずに生きることにした』という本にまとめたボイルは、そのなかで、彼独特の皮肉っぽい調子でこう書いた。

〈ぼくの暮らしはしばしば「シンプルライフ」と形容され、ときに自分でもこのことばを使う。ある意味で、ひどく誤解を呼ぶ表現だ。この暮らし――わが生業――は、（中略）実際には、かなり複雑な生活であって、ただし、あまたのシンプルな細部でできている。逆に、以前に都市で送っていたのは、かなりシンプルな生活で、ただし、あまたの複雑な細部でできていた。産業文明の無数のテクノロジーはいまや複雑化をきわめ、ふつうの人の生活をかえって単純化してしまう〉

この対比は、サティシュが言う複雑さ（コンプレックス）と煩雑さ（コンプリケイティッド）の違いに、ピタリと重なる。「複雑なテクノロジーを利用した同じことのくり返し」に終始するイギリスの都会での暮らしは、「あまりに単純すぎ」て、「ぼくはうんざりしてしまった」とボイルは言う。また心優しい彼は、「そうしたテクノロジー製品の製造にたずさわる人も、同じくうんざりしていたのではあるまいか」と気づかう。ここにこそ、彼がテクノロジーを使わない生活を志した理由のひとつがあったのだ。

〈スイッチ、ボタン、ウェブサイト、乗り物、電子機器、娯楽、アプリ、電動工具、ガジェット、各種のサービス業者、癒やしグッズ、便利グッズ、生活必需品の数々に取りかこまれていると、自分の手ですることなどほとんど残されていないと感じた――唯一、ほかのあらゆる物を買うカネをかせぐ仕事をのぞいては〉

こうしてボイルは、「単純」よりも「複雑」を望むようになった。

しかし、だ。このようにテクノロジーや官僚的な手続きが複雑である一方で、社会そのものはちっとも複雑ではない、とボイルは言って、パトリック・セールの『ヒューマンスケール』からの言葉を引用する。

〈シンプルなのはわれわれの近代経済である。国家はもっぱらひとつの民族のために存在し、都市はひとつの産業のため、農場はひとつの作物のため、工場はひとつの製品のため、人間はひとつの業務のため、業務はひとつの動作のため、動作はひとつの目的のために存在する〉

一方、テクノロジーをほとんど使わないボイルの暮らしは、やらなければならない多様な作業があって、しかもその一つひとつが複雑なディテールに満ちている。だが、「見かたを変えれば、ぼくの暮らしには時代を超えたシンプルさがある」とボイルは言うのだ。

〈産業社会がぼくらを「真空パック」してしまうプラスチックフィルムを、はぎ取ったあとに残るもの、すなわち人間が本当に必要とするものは、いたってシンプルだった。新鮮な空気。清浄な水。ごまかしのない食べ物。仲間。手入れするだけで動く自立共生《コンヴィヴィアル》的な道具を使い、自分の手で割った薪と、そこから得られる暖かさ。ぜいたくも、ガラクタも、不必要なまわりくどさもない。何かを買う必要も、何かになる必要もない。虚飾もなければ、請求書もなし。物事をややこしくする中間業者をとおさずに、ただ、ありのままの生と直接かかわりあうのみ〉

ナマでありのままの、正直で率直な、生き方。そこにはムダがない。はぶくものもない丸ごとの生。しかし、その同じ暮らしが、現代のハイテク消費社会の基準からすれば、ムダだらけに見えるのだ。

このくだりを、ボイルはこう締めくくる。

〈こんなふうに複雑さだのシンプルさだのについて長々語っていると、頭が痛くなってくる。ニワトリたちは鶏小屋に入って、ぼくが戸を閉めるのを待っているし（中略）それ以外にもいろいろとやるべき仕事がある。そろそろ取りかかったほうがいい〉

ぼくがムダについて一冊の本を書いていると言ったら、ボイルは大笑いするにちがいない。

第4章

働き者礼讃社会に抵抗する

労力をムダにしない怠け者《レイジーマン》

2021年の夏、ドキュメンタリー映像と文章を組み合わせたDVDブック『レイジーマン物語――タイの森で出会った〝なまけ者〟with 辻信一』が完成した。タイ北部、カレン族の村に住む一家を、仲間たちと4年がかりで取材、撮影してきたものが、やっと形になった。

英語で「怠け者」を意味する「レイジーマン」とは、主人公のジョニ・オドチャオが、自らに与えたニックネームだ。20年を隔てて再会した彼とぼくとの不思議な縁についてはここでは触れないが、ぼくはまず、自らレイジーマンなどと名乗る人がタイの田舎にいたことに感動した。20世紀の終わりにNGO「ナマケモノ倶楽部」をつくったぼくも、仲間たちも、いまだに胸を張って「怠け者」を自称する境地には達していないのだから。

ジョニのニックネームは、カレン族に伝わる民話に由来している。カレン民話のなかにはくり返し、3人のヒーローが現れて活躍する。その三大ヒーローとは、「みなし児の少年」、2人目は「未亡人」のおばあさん、そしてもう1人が、「ジョッカド」――カレンの言葉で「怠け者」を意味する――である。このジョッカドこそ、ジョニの英雄なのである。

「ジョッカド」の民話にはさまざまなバリエーションがあって、ジョニの語りも、その日によって異なる点がいろいろある。しかし、ストーリーの基本的な構造は同じだ。働くことより寝ることが好きで、のらりくらりと生きている若者が、しまいには、働き者たちより大きな成功を収めてしまう。

　この筋書きは、日本の民話にある「物くさ太郎（「ものぐさ」という表記もある）」や「三年寝太郎」にもよく似ている。ぼくの直感では、それは単なる偶然ではなく、深い文化的な関連を示すものだ。

　たとえば、ジョニの語りにはこんな描写がある。果物が実っているから行こうと誘われても、ジョッカドは行きたがらない。でもしまいに友だちが何人かでジョッカドを無理やり連れていく。でもジョッカドはおっくうで実をとろうとすらしない。そのかわりに寝そべって、木から実が落ちて口に入るのを待つ。人が来て「何をしているのか」とたずねると、「待っている」とだけ答える。

　物くさ太郎も負けてはいない。何日も道端に寝転がったまま過ごす太郎は、人がくれた餅をもてあそぶうちに落としてしまう。手が届かないところへ転がってしまった餅をとりに行くのが面倒なので、通行人がとってくれるまで待つ。

　人から見れば、時間をムダにしているだけなのだが、本人たちにすれば、「労力をムダに浪費していない」のだ。

　これほど面倒くさがり屋の主人公たちだが、物語の後半には、突然、変身するように見える。そしてしまいに、ジョッカドは王さまや領主の娘と、物くさ太郎は長者の娘と結ばれる。めでたし、めでたし。しかし、こうした唐突とも思える変身をどう理解すればいいか、どう解釈すればいいか。それこそが、民話研究者たちが長く議論を続けてきた大問題なのだ。その議論にも役立ちそうなヒントが、ジョッカドの民話にはあるような気が、ぼくにはする。

怠け者ジョッカドののらくら社会批判

ジョッカドと物くさ太郎の大きな違いは、結ばれることになる娘との出会いの場面だ。物くさ太郎の場合、田舎から都に出るのをきっかけになぜかエネルギッシュになり、見そめた娘を猛然と追いかけまわす。一方、ジョッカドが娘と出会うのは、彼が寝転がって木の実が口に入るのを待っているときだ。例えば、こんなくだりがある。道の真ん中に寝ている彼をまたいでいくほかの通行人たちと違って、娘は、寝そべっている理由を彼にたずねる。そして、またいでいけばいいか、よけて通ればいいか、と聞く。ジョッカドは「お好きにどうぞ」と答える。そこで娘はよけて通るのだが、そのとき、彼の口に果実を入れてあげる。ここですでに、ふたりのあいだにはおそらく恋心が芽生え、膨らみはじめるのである。

娘のこの行動を知った父親の領主は激怒した。いやしい身分の怠け者を、自分の娘が親切にした。しかも、まるで庶民が貴族に対してするように、自分から相手をよけて通り、しかも、わが子にするように自分の手で食べものを口に運んであげるとは！　怒った領主に勘当されてしまった娘は、がっかりするどころか、迷うことなく、ジョッカドのもとに行く。そしてこの怠け者と結ばれて、いっしょに暮らすようになる。

娘は怠け者のジョッカドを受け入れ、愛するようになった。一方、ジョッカドも、ありのままの自分を受け入れてくれる彼女を愛するようになったのだろう。三人暮らしとなっても、ジョッカドは相変わらず、怠けて働かない。

ジョニの語りにこんな描写がある。

〈田んぼにも行こうとしないジョッカドを、あるとき、お姫さまがなんとか田んぼに連れ出した。でもジョッカドは働こうともせず、寝そべっている。やがて雨が降りだした。ジョッカドを置いて、祖母とお姫さまは先に帰ってしまった〉

そこに虹が現れる。そして、この虹とのやりとりが、ジョッカドの変身のきっかけとなる。ジョッカドはこうつぶやく。「虹はぼくよりもっと怠け者だ。寝てばかりいる」すると、それを聞きつけた虹がいじわるして、彼の口に落ちようとしている雨水を横取りしてしまう。怒ったジョッカドは虹に向かって石（あるいは鎌）を投げつけた。するとそれが当たって、虹の歯が欠けて落ちてきた。ジョッカドがその虹の歯のかけらを手にとるや、草刈りだろうが、収穫だろうが、どんな仕事も魔法のように、驚くほど速く、うまくできるようになってしまう。大豊作が続き、ジョッカドは優れた農夫として知られるようになる。

自然界の神さまが舞い降りて、ジョッカドに手を貸したとしか思えない。しかし、そうだとすると、はたしてジョッカドは変身したといえるのだろうか？　おばあさんもお姫さまもびっくりして、大喜びしたと民話は伝える。しかし、お姫さまはジョッカドの境遇に起こったこうした変化を予見していたのではないか、と思えないでもない。働きもしないぐうたらな男に恋をした彼女は、ジョッカドの潜在的な可能性を見抜いていたようにも思える。最初の出会いの場で、口を開けて果実が落ちてくるのを待つジョッカドの姿や、またいでいく者たちにいらだつこともなく、ただ「お好きにどうぞ」と答える態度が、伏線になっているとみることもできるだろう。

農夫として成功したジョッカドを見て、領主は娘との結婚を認め、ジョッカドを自分の後継ぎとするのだが、社会の底辺から天辺へと上昇するというこの型は、日本の物くさ太郎をはじめとする多くの民話とも共通している。日本の研究者たちが物くさ太郎のなかに見てとったように、ぼくたちはジョッカドの内に、権威や世間の圧力に対するしたたかな民衆の抵抗精神を感じとることができる。そしてそれが、主流社会の周縁に常に置かれてきた少数民族の民話として語り継がれてきたこととの意味に、思いをはせたい。

権力者に受け入れられ、やがて権力の頂点に立ったジョッカドは、どうなったのだろう。民話はそれを語らないから、あとは自分で想像してみるしかない。

自然のままに従うムダのない生き方

戦争や疫病、貧困や麻薬禍などに見舞われたカレン族の苦難の時代に生まれ、育ったジョニは、幼くしてさまざまな賃労働に従事し、やがて、70年代には農業近代化の担い手となって懸命に働いた。だがその彼が、ある日、ジョッカドにならってレイジーマンを名乗り、生き方を大転換する。働き者から〝怠け者〟へ。誰もがこれをジョニの堕落であり、転落であると思った。しかし、彼にしてみれば、それは下降ではなく、ジョッカドの人生に示された上昇の物語のはじまりだった。そのジョニは自然環境と伝統文化を破壊してしまう近代的な農業から手を引き、祖先から伝わる、森と共生する農的営みを実践し、広めることで、大きな成果をあげることになる。やがて、彼はカレン族にとどまらず、タイ全土、そして海外にも大きな影響力をもつ農民運動と環境運動のリーダーとなる。

さて、あらためて、ジョッカド物語の教えとは何だろう。ジョニによれば、まず第1に、謙虚であれ、ということだ。赤ん坊を見ればわかる。ただ口を開けて、食べものが口に入るのを待つ。木の実が落ちてくるのを待つジョッカドのように。それなのに、いったいいつから人間は傲慢にも、実をたくさんつけるように木に要求したり、ひとり占めしたり、実が熟すのを待ちきれずにもぎとったりするようになったのだろう。

老子は無為を説いたが、それはムダなことをしないという教え。傲慢な人のなす行為のほとんどはムダである。無為とは謙虚であれということだ。一方、ムダなことしかしないムダな存在だと思われている怠け者は、じつは、ムダなことをしていないだけなのかもしれない。

謙虚であれば、待つことができる。すべてのものには、それにふさわしい速さと遅さがあり、ペースがある。植物はちょうどいいときに花を咲かせ、虫はちょうどいいときにサナギとなり、鳥はちょうどいいときに卵から孵る。そこには時間のムダはない。人間だって、幼子には幼子の、若者には若者の、老人には老人のスピードがある。それに抗うのではなく、それを受け入れる。これこそが、相手に対する思いやりであり、敬意というものだ。また謙虚であれば、人に批判されても、嫌われても、バカにされても、気にしない。いずれ、わかってくれるときが来る、と信じて待つことができる。

ジョッカド物語の教えとは、自然を敬う思想であり、環境を大切にする生き方、いま流行りの言葉でいえば、持続可能な生き方である。自然にはムダがない。しかも自然は惜しみなく与える。見返りを求めない。自然が求めるのは、ただ、その懐のうちで生きるものたちからの敬意だけだ。雨粒を横取りした、いたずらものの虹に怒って石（鎌）を投げつけたジョッカドにさえ、虹は魔法の力を与えることで応えた。〝レイジーマンおじさん〟として広く敬愛されるジョニは、引きも切らず訪ねてくる人々にいつも笑顔でこうくり返す。

「何も心配はいらないよ。私もあなたも、みんな母なる自然の一部なんだから」

働き者は、はたして本当にえらいのか

カレン族の「ジョッカド」と似て、日本の「物くさ太郎」でも、主人公は、話の後半に大変身するようにみえる。この一見不自然な変化をどう解釈するかが問題だったということはすでに述べた。『物くさ太郎の空想力』という本に収録された「怠惰の思想」という対談で、多田道太郎は、この民話が主人公太郎の空想で語りはじめられることに注目している。本当はこうもしたい

し、ああもしたいのだが、残念ながら、そういうわけにもいかず、仕方がないから、こうして道端に寝転がって、のんびりしている、というふうに。この空想と、話の後半で太郎の様子がガラリと変わる部分とが、対になっているのだというのが多田の解釈だ。彼の推測によれば、突然、都に出てエネルギッシュに活躍する後半の太郎の姿も、冒頭と同様、こうなったらいいな、ああなったらいいな、という太郎の空想にほかならない。それは、落語でいう「夢落ち」、つまり、それまで語られてきた騒動の一切が、「全部、夢でした」という終わり方の一種なのだ、と。

　そして多田はこう論じる。物くさ太郎だからこそ発揮できるこうした空想力というものに、現代を生きる我々は注目しなければならない、と。また、物語の背後には、そういう空想力を支えていた民衆の想像力があっただろう。その人々は、こういう怠け者をこそ神は褒め、祝福したもうと、感じていたにちがいない、と。

〈めったやたらに働くのではなく、とにかくすべてがめんどうだ、おれは休んでいたいんだ、という人物のほうをこそ、神はよみしたまうんだ〉

　多田によれば、こうした「働かないことをこそ理想とする思想」が、ずっと昔から社会の基底部にあって、物くさ太郎のようなヒーローを支えてきたのである。一方、江戸時代には二宮尊徳《にのみやそんとく》をはじめ、さまざまな勤労思想が現れるが、それはときどきの権力者によって、上から「強力に植えつけられた一時的な思想」にすぎない。

　とはいえ、江戸時代の勤労思想は、その後、近代化と資本主義化のなかで、なりを潜めるどころか、姿かたちを変えながら、いっそう深く広く社会に浸透してきたように見える。少数の金持ちと大多数の貧乏人にくっきり色分けされた現代世界では、成功は自分の努力によっていい学校、いい大学に進んで能力を磨き、いい企業に就職して、いい収入と地位を得るためになおいっそう努力した者にもたらされるのである。そして、怠け者たちは与えられた能力と機会をムダにしてきた。その彼らが貧困にあえぐとすれば、それはすべて自己責任。これが現代世界に広まった物語である。

本当に恐ろしいのは、そんな物語そのものではなく、その物語を刷りこまれ、信じこんでしまった、ぼくたち自身なのかもしれない。でも、希望もまた、その同じぼくたち自身のなかにある。多田にならっていえば、それは、古代から密かに受け継がれてきた怠け者の思想とその空想力だ。ぼくたちはそれを再発見しないといけない。

「わからない」という宙ぶらりんに耐える

「ネガティブ・ケイパビリティ」という言葉を日本に紹介したのは、精神科医で作家の帚木蓬生《ははきぎほうせい》である。彼は、「否定的能力」と直訳できるこの英語を、「答えの出ない事態に耐える能力のこと」と定義する。では、「答えの出ない事態」いうのはどんな事態かと考えてみると、じつは、人生のほとんどを占めている状態だともいえる。だから、もしこのネガティブ・ケイパビリティという能力に欠ける人がいたら、その人はいったいどうやって人生を生きるのだろうか、ということにもなる。逆に、なんとか生きているぼくやあなたには、ちゃんと備わっているのがこの能力だ、ということなのだろう。

では、なぜいまあらためてネガティブ・ケイパビリティを持ち出さねばならないのだろうか？ それはもともとイギリスの詩人、ジョン・キーツ（1795〜1821）が使った言葉だという。彼によれば、「個性をもたないで存在し」、解決への「性急な到達を求めず、不確実さと懐疑とともに存在する」能力を指す。ぼくたちはよく「個性」や「アイデンティティ」という言葉を使うが、その人がどういう人かは、じつは本人にすらよくわかってはいないのである。何かが「わかった」と思った瞬間に、その「わかった」が、じつはまだわかっていない数々のことを覆い隠してしまう、という危険もある。「わかった」のではなく、「帳尻を合わせた」だけなのだ。それは解決でもなんでもない。

問題は、その「帳尻合わせ」や「わかったつもり」が、現代世界で幅を利かせていることではないだろうか。そしてそれは、ネガティブ・ケイパビリティが減退して、ポジティブ・ケイパビリティ（問題に答えを出したり、問題を処理したりする能力）ばかりがもてはやされているからではないだろうか。

帚木も著書『ネガティブ・ケイパビリティ　答えの出ない事態に耐える力』で引用している、荘子の「渾沌（混沌）」という寓話がある。南海の神と北海の神は、「渾沌」という神にごちそうになった。これに感謝し、お礼として「渾沌」が持っていないものをプレゼントしようと、目耳鼻口の7つの穴を日にひとつずつうがってあげる。すると渾沌は7日で死んでしまった。ムダなものをあげてしまい、親切はムダになってしまった。

精神科医でもある帚木によると、「わからないことに耐える」のが難しいのは、人間の脳に「わかろう」とする生物としての性向が備わっているからである。「さまざまな社会的状況や自然現象、病気や苦悩に、私たちがいろいろな意味づけをして『理解』し、『わかった』つもりになろうとするのも、そうした脳の傾向が下地になっている」からだ、と。

箒木の本を、ちょうどコロナ禍が始まった頃に読んでいたぼくは、この「わかったつもり」についての箇所に、とくに強い印象を受けたのだと思う。以来、2年あまり、この世界ではネガティブ・ケイパビリティがすっかり減退し、ウイルスについての、ワクチンについての「わかったつもり」がふんぞり返っているようだ。

「生半可な意味づけや知識でもって、未解決の問題にせっかちに帳尻を合わせず、宙ぶらりんの状態を持ちこたえる」という帚木の言葉は、ぼくの大好きな怠け者たちの姿を彷彿とさせる。たとえば、「ただこうして波止場に座って、時間をムダにしてるのさ」と言うオーティス・レディングの名曲「ドック・オブ・ベイ」の放浪者。そして、木の下に寝転がって口を開け、実が落ちてくるのを待っているジョッカド。

帚木は教育についても語っている。「教育とは、問題を早急に解決する能力の開発だと信じられ、実行されてきた」本当にそうだ。特に日本の学校の特徴は、子どもたちが質問したがらないことだ。問いなんか考える暇があったら、答えを覚えろ、というファストな教育の結果だろう。問いなどというムダなものにかまけるのは、時間のムダ、というわけだろう。

こうして、「わかりたがる脳」ばかりに餌を与えてきてしまった「わかりたがる人」は、音楽や絵画などの芸術を前にして、戸惑ってしまう。というのも、わかろうとしてもわからないのが、芸術というものだから。それは、ポジティブ・ケイパビリティをすり抜けてしまうのだ。一方、「わからないこと」に強い耐性をもつスローな怠け者たちは、のらりくらりとアートを楽しむことができるのだろう。

経済的価値から自由になるためのキーワード

ここで、ネガティブ・ケイパビリティという言葉を、もう少し拡張してみたい。「解決のなさ」「意味のなさ」「答えのなさ」「役立たなさ」といった数々の「なさ」を、解決したふりをしたり、無視したり、切り捨てたり、処理したことにしたりせず、それらとつき合う能力だ、と考えるのだ。「ネガティブ」というくらいだから、「なさ」という「否定形」を大事にしよう、というのである。

すでに触れた多田道太郎の「怠惰の思想」にはこんな一節がある。

〈欲望の根源、あるいは情熱というものは非常につかみにくいので、否定の形でしか出てこない。仕事をしたくないとか、これは嫌だとか、しんどいとか、そういう否定の形でしか出てこない〉

そう言ったあとで、多田はこうつけ加える。「肯定の形で出てくるものは、たいてい生産力の論理に従ってしまう」と。少ない、遅い、小さいなどの否定的な意味をもつ言葉とちがって、多い、速い、大きいなど肯定的な言葉は、産業社会を支える、「より多く、より速く、より大きく」のスローガンに表される、直線的な成長の軌道に乗せられてしまう、というわけだ。

そこで多田が注目するのは、「怠ける」「休む」「遊ぶ」という日本語の三つの動詞である。「怠ける」とは、「強制された労働」を「サボタージュする」ということ。「休む」とは、強制されたことは「なにもしない状況を、自分でつくり出し、そこから自由になにかを自分でやり出す可能性を留保しておくという」こと。「遊ぶ」とは、そこからまた一歩進んで、実際に、何かを自発的にやり出すこと、だと多田は言う。

怠ける・休む・遊ぶの三つは融合してひとつの小世界を形成する。それは、ぼくがまだ子どもの頃には、雑草だらけの空き地みたいに、いたるところに居場所を見出していたものだ。ぼくたちはそこで、よく怠け、休み、遊んだものだった。まだ、年中無休のコンビニやスマホはなく、デパートにも休みがあり、テレビ・チャンネルも夜中には休んでいた。そのとき、ぼくたちは十分に眠り、遊んだのだ。

しかしいま、それは一見、経済の思想に染め上げられた人々の意識の外へと締め出されているように見える。生産・消費・再生産がとめどなくくり返す〝ムダのない〟世界のなかに、もう怠け者や遊び人の居場所はないのだろうか。いやいや、よくよく見れば、まだあちこちにちゃんと生き残っているのではないか。休日、旅、休憩、サボり、不登校、無断欠勤、スクールストライキ、引きこもり、居眠り、フテ寝、仮病……。

聖書の創世記には、神が6日間せっせと働いて世界を創り、7日目に休んだとある。そして、「その第七日目を祝福し、それを聖なる日とした」とある。これがキリスト教徒の休日である日曜日や、ユダヤ教徒の休日である安息日（サバト、シャバット）の起源だ。多田によれば、現代の「休む」にはそういう「聖なる」感覚がなくなってしまっているようにみえるが、それでも、人間が聖なるものに向き合ったときに感じる生命力の蘇りが、「休む」ことで生まれる再生の感覚とどこかつながっているはずだ。

ユダヤ学者アブラハム・ヨシュア・ヘッシェル（1907〜1972）は、「安息日」の哲学的意義を、「空間的なモノ」ではなく、「時」を聖なるものとし、それを祝福することにあるとした。彼によれば、「空間の世界」である6日間と、「時間の世界」である休息日は、目指す方向がまったく異なっている。「空間の世界」の目標が、「もつこと（to have）」「得ること」「支配すること」「征服」であるのに対して、「時間の世界」が目指すのは、「あること（to be）」「与えること」「分かち合うこと」「合意」……。

互いに次元の異なる目標をもつふたつの世界。片方からもう片方を見れば、すべては無価値で、無用で、ムダに見えるのは無理もない。ヘッシェルの言うとおり、どちらが正しく、どちらが間違っているという問題ではない。しかし、問題なのは、我々がともすると、「空間の世界」における力の拡大にばかり気をとられてしまうことだ、というヘッシェルの警告にぼくたちは耳を澄ますべきなのである。

〈安息日、それは時間の聖域。生存のための戦いにおける休戦。すべての対立の停止。人と人との間の平和。人と自然との間の調和。人の内なる和平。その日、金銭を扱うことは神への冒瀆となる。人はモノを神聖化したり、依存したりするのを止め、それらからの自立を宣言する〉

(Abraham Joshua Heschel, *The Sabbath* より拙訳)

ぼくには、このヘッシェルの「サバトの思想」と、多田の「怠け者の思想」が、聖／俗の垣根を越えて共鳴しあっているように見える。多田は言っていた。よく怠け、休み、遊ぶ怠け者にしか、経済的な価値の支配からの自由も、それとはまったく異なる価値を構想する空想力や想像力も生まれない、と。

のんびりすること、ほっとすること、ぼんやりすること、ブラブラすること、何もしないでいること、昼寝、ムダ話などはモノが支配する6日間からは、ムダなこととしてほとんど閉め出されてきた。ユダヤ教徒でもキリスト教徒でもないぼくたちには、「第7日目」はないようにも見える。しかしそれでも、人生のあちらこちらにかつてモノの世界が入りこむことのできない「時間の聖域」があったはずなのだ。安息が、静けさが、遊びが、楽しい語らい、笑いが。それらはどこかに消えてしまったのではない。あなたのそばに、目の前に、そしてあなた自身のなかに、ちゃんとあるではないか。それに気がつくだけでいいのだ。

第5章

ムダと孤独とテクノロジー

オンライン化によるコミュニケーション不全

デジタル技術やＡＩといった最新のテクノロジーが、パンデミックの時代にいかに便利かという話ばかりがメディアに流れていて、ぼくはうんざりさせられている。だが、注意深く見ていると、科学者によるこんな意見に出合うこともある。コロナ禍で、対面のコミュニケーションが大幅に減って、その分、オンラインのコミュニケーションが多用されるようになったが、脳科学者の川島隆太《かわしまりゅうた》によると、「オンラインでのコミュニケーションツールは、脳にとってはコミュニケーションになっていない。何もしていないときと同じだ」というのだ。

コミュニケーションに関わる脳の活動として、「相手の気持ちを思いやりながら行動する」という側面について研究しているという川島は、「自分自身のことではなく、相手のことを考えながら、相手が何を考えているのか理解する」という働きに注目する。彼とそのチームが新たに開発した脳活動センサーで見てみると、「相手と良いコミュニケーションが取れている時には、お互いの脳活動の揺らぎが同期するという現象が起こる。脳活動がシンクロする」そうだ。ところが、オンラインのコミュニケーションでは、この同期が起こらない。つまり、それは、「共感状態にない、相手と心と心がつながっていないということを意味して」いるというのだ。

こういう共感しないコミュニケーションが多くなれば、「人と関わっているけれども孤独になる、という矛盾したことが起こってくるのではないか」と川島は推測している（朝日新聞デジタル）。

これは、ショッキングな報せだ。ぼくたちは安易に、コミュニケーションとは情報伝達のことだと決めつけていないだろうか。その情報伝達という目的を達するために、より効率的な手段であるテクノロジーを次々に開発してきたわけだ。その道を先へと進んでいけば、しまいにはどこに行き着くか。本来のコミュニケーションに伴ういろいろな要素をムダなものとして、次々に取り除いていって、しまいに、裸になった情報伝達だけが残る……。

対面のコミュニケーションには、無数の要素が関わっている。対話者を取り巻く状況そのものが無限に複雑だということは、いまはカッコに入れておこう。それでも、「情報を伝達する」という活動は身体の多様な機能を駆使して行われる。常に、相手の気持ちをおもんぱかるとか、相手の身になって考えるとか、相手の言うことに反応し合って理解を深めるといった心理的な働き、そしてそれに伴う目や唇などの顔の動き、手や首などの身体の動きなど、これまた限りない豊かさを秘めている。

特に川島が注目するのは、視線だという。Ｚｏｏｍのようなオンラインでのミーティングで顔を合わせていても、対面のときのように、視線がコミュニケーションの重要な要素となることは難しい。また、マスクを常につけることについては、「表情が乏しくなったり、感情が読み取りにくくなったりすることで、人の感情がくみ取れない子どもたちが増えていく可能性も高い」と、憂慮する。

川島はある大学の学生たちを対象とする研究の結果についてこう言っている。

〈スマホに依存的な人たちの脳をMRIなどで見てみると、大学生であっても、すでに脳の老化のサインが出ていました。そういう人たちは、様々な精神的、心理的な異常が出ていて、例えば自尊心が低かったり、不安や抑うつ傾向が高かったり、共感性や情動制御能力が下がったり、という状態が観測されています〉

さらにもうひとつの研究では、仙台市の公立の小中高に通っている7万人の学力と生活習慣の調査データを収集し、解析したところ、「新型コロナによって、子どもたちの自尊心や自己肯定感がグッと下がってしまった」ことがわかったという。

大人たちがデジタル化の進展やオンライン・コミュニケーションの便利さを讃えているうちに、危機は深まっているのではないだろうか。テクノロジーは両刃の剣だ。それによってもたらされる便利さが、まさに禍のもとなのである。「一日も、一刻も早く、通常の人と人とのコミュニケーションが可能な社会に戻さなきゃいけないな、という強い危機感を持っています」と川島は言う。

新自由主義によるムダの切り捨てが孤独を深める

そもそもコミュニケーションとはいったい何なのか。この言葉がますます頻繁に使われる割には、どうもその中身はますます希薄になってきているようだ。デジタル化やオンライン化によってコミュニケーションが便利になったというとき、ぼくたちは何を得て、何を失っているのだろうか。そこでは何か重要なものがムダと見なされてはぶかれているのではないか。

ここで考えたいのは、孤独という問題だ。『THE LONELY CENTURY　なぜ私たちは「孤独」なのか』の著者ノリーナ・ハーツによれば、コロナ禍によって孤独という問題がいっそう深刻化したのは確かだが、多くの人が孤独や孤立、そして原子化（周囲とつながりがないという感覚）を感じる「孤独の世紀」はもっとずっと前から始まっていたのである。コロナ・パンデミックが始まって以降も、「チャイルドライン」という子どものための電話相談にかけてくる相談者のほとんどは、「感染よりも孤独を恐れている」という。コロナによって人同士の交流が著しく制限される前から、孤独はすでにパンデミックのように世界に広がっていた。それを示すさまざまな数字をハーツは紹介している。

コロナ以前から、米国では、成人の61％が自分を孤独な人間だと見なしていた。ドイツでは人口の68％が、孤独を深刻な問題だと考えていた。オランダでは約33％の人が孤独を、10％は深刻な孤独を感じ、スウェーデンでは人口の25％が頻繁に孤独感を抱いていた。イギリスでは、２０１８年、世界ではじめて孤独担当大臣というポストを新設した。

２０２１年に世界で2番目となる孤独・孤立対策担当大臣というポストを置いた日本でも、問題は深刻だ。ハーツはこんな例を挙げている。「日本ではこの20年で、65歳以上による犯罪が4倍も増えた。さらに、この年齢層の受刑者の70％が、5年以内に再犯を起こす。孤独だからだと、刑務所長は確信している」。孤独によって死なないために、進んで罪を犯して、刑務所などの施設に入ることを望んでいる、というわけだ。

若者の孤独も深刻だ。イギリスのミレニアム世代（約25〜40歳）の22％が、ひとりの友だちもいないという。さらに18〜34歳の約60％と、10〜15歳の50％近くが、ときどき、またはしばしば、孤独を感じている。ほかのＯＥＣＤ加盟国でも同様だという。

いったいなんでこんなことになってしまったのか。デジタル化やオンライン化、ＳＮＳの影響もあるだろう。しかし、さらにそれ以前から進行していた競争主義や消費主義、さらにさかのぼれば西洋的な個人主義、自由主義、コミュニティや親族ネットワークの崩壊、核家族化などが要因として挙げられる。ハーツによれば、孤独とは単に人間の内面的な状態ではない。「現代のライフスタイルや、仕事や人間関係の性質、都市やオフィスのデザイン、人と人の接し方、政府による市民の扱い方、スマートフォン依存症、そして人の愛し方――こうしたことすべてが、現代人の孤独を悪化させている」とハーツは言う。つまり、孤独とは、人間の生存そのものに関わる個人的、社会的、経済的、政治的な状態のことであり、それらの根っこにあるのは、ネオリベラリズム（新自由主義）だ、と。

彼女によれば、新自由主義とは、１９８０年代以降の世界を席巻してきた「自由を極端に重視する冷酷な資本主義の一形態」のこと。それは、小さな政府と民営化、規制緩和、現実離れした自助努力の強調、企業間・個人間の「残酷なほど激しい競争」の追求などを特徴としている。そこでは地域社会、コミュニティなどの利益より、企業や個々人の利益が優先される。

大企業はグローバル化市場で勝ち残るために合理化や効率化で競争力を磨き、政府もその大企業を支えるために税金を注ぎこみ、規制緩和や法人税の減税などでバックアップした。日本も例外ではない。激しい競争は、経済的、社会的格差をかつてないほどに拡大し、生活苦にあえぐものには、「自己責任」という冷たい言葉が浴びせられる。世界各地で民主主義的な政治体制が揺らぎはじめた。

新自由主義は世界中に性悪説――人間の本性は悪だという考え――を広めたのだとも言えるだろう。ハーツもこう指摘している。

〈人間は本質的に利己的なわけではない。そのことは、進化生物学の研究が明らかにしている。しかし政治家が、利己的で、食うか食われるかのマインドセットを推進し、『強欲は善だ』（１９８７年の映画『ウォール街』における名言）をスローガンにすると、結束や親切やお互いへの配慮は過小評価され、無駄とみなされるようになる〉

新自由主義的な世界の主人公は〝ホモ・エコノミクス（経済人間）〟だ。人々は自分の利益と金儲けのことで頭がいっぱいになる。それまでは自分の貪欲さに歯止めをかけていたはずの感謝、謙虚さ、利他などは、ムダなものとして、ジャマなものとして、しまいこまれたり、捨て去られたりした。そうしなければ、この厳しい世界で、自分自身がムダなもの、ジャマなものにされかねないと恐れるからだ。

ハーツもこう言っている。

〈現代人はみずからを協力者ではなく競争者、市民ではなく顧客、共有者ではなく独占者、与える者ではなく奪う者、手を貸す者ではなく巻き上げる者とみなすようになった。忙しくて隣人に寄り添わないどころか、隣人の名前さえ知らなくなった〉

周りの人のことを気にかけなくなるのも無理はない。「私が私のために存在しなかったら、誰が助けてくれるのか（中略）誰も頼りにできないから、自分で自分の面倒を見なくてはいけないと誰もが感じる。社会が孤独になるのは当然だ」とハーツは言うのだ。

テクノロジーが引き起こす疎外

テクノロジーと孤独の関係へと話を戻そう。昨今、斎藤幸平《さいとうこうへい》の『人新世の資本論』で再び注目が集まっているカール・マルクス（1818～1883）だが、日本でいえば江戸時代の後期に、この経済学者はすでに孤独の問題について論じていた。例えば、『経済学・哲学草稿』という本には、工場労働者の「疎外」についてこんなことが書かれている。

〈彼の労働が彼の外に、彼から独立して疎遠に現存し、しかも彼に相対する一つの自立的な力になる〉

このままではわかりにくいので、以下、思いきってぼくなりに〝訳して〟みよう。

マルクスはこう言いたかったのだろう。労働者は、職人や農民と違って、他人が所有する道具や機械などの「生産手段」を使って働く。その意味で、生産手段は労働者にとってよそよそしいものといえるが、その生産手段を使って自分がつくる「生産物」からも、労働者はつくるそばから、引き離され、疎遠な関係に置かれる。いや、機械化やオートメーション化が進むほど、つくる前もあとも、労働者は生産物とほとんど関係がない。スマホの部品をつくる工場で、部品づくりの、そのまた一部分をつくる工程を担う人にとって、どれだけできあがったスマホとの縁が感じられるだろう？

　そしてそれは同時に、自分が行っているはずの労働そのものが、まるで自分のものではないかのような、よそよそしいものになることをも意味する。賃金という別の形でその労働への報酬を受け取るにしても、だ。

　さらにもうひとつ、マルクスは「類からの疎外」にも言及している。人間は本来、自分自身に対しても、他者に対しても、人間という同じ類に属する普遍的な存在として向き合い、それにふさわしいようにふるまうものだ。仕事というものは本来、その人の能力を、類、つまり家族や友人たちとのつながりのなかで発揮するものだ。ところが、近代的な労働は、こうした人間的な能力を、労働者自身の生存のための手段へと貶めてしまう。そしてその結果、その人は他者とのつながりを失くした、よそよそしく寂しい存在になってしまう。

　ノリーナ・ハーツもマルクスに注目して、マルクスが指摘した疎外という現象とよく似たことが、現代の社会でも起こっていると指摘する。昔とは一見大きく異なる労働環境や生活環境のもとではあるが、かつての労働者たちを苦しめたのと同じような疎外感や孤独を、現代人たちの多くもまた感じている。そして、ハーツによれば、「そこで大きな役割を果たしている」のが、デジタル化、AI、ロボットによる自動化といった最新テクノロジーだ。

孤独との関わりで、現代のテクノロジーが果たしている役割にはふたつの側面があるようだ。まず、テクノロジーの急速な発展が現代社会の孤独危機の原因である、という側面。もうひとつは、孤独危機が深まった結果として、テクノロジーが発展するという側面。テクノロジーが孤独をつくり出し、その孤独が今度はテクノロジーをつくり出す、というわけだ。

まず、第1の面を見てみよう。ハーツはテクノロジーによるロボット化や自動化について次のような例を挙げている。

・今後10年で自動化により失われる仕事は10%程度とするもっとも控えめな予測でも、米国だけで約1300万人が仕事を失うことになる。

・自動化を「中国製造2025」戦略の大きな柱とする中国では、ロボットと人間の切り替えが一段と大きなスケールで進んでいる。「一部メーカーでは、わずか2年で労働者の40%がロボットにとって代わられた」

・最近20余年間に西欧14ヵ国で行われた選挙についてのある大学の研究によると、「自動化が広がった地域に住む人々は、自分がないがしろにされていると感じ、政府に不満を抱いている割合が高かった」。そして、「自動化にさらされた」レベルが高い地域ほど、「ナショナリストまたは極右政党の得票率が高かった」

このようなペースでデジタル化、ロボット化、自動化が進むとこれから先はどうなっていくのか。ハーツは楽観的ではない。

〈近年にないほど社会が階層化するだろう。ごく一握りの人間だけが、ロボットにはないスキルがあるとみなされ、別の一握りが機械のメンテナンスや管理を担い、さらに厳選された一握りが機械の所有者となる。それ以外は全員、不要だ。たとえ運よく「一握り」に加われたとしても、職場は一段と残酷で、非情で、競争的で、孤独に感じられるだろう。（中略）人は孤立していると感じると、周囲といがみあうようになる。すでにバラバラの世界が、これ以上バラバラになる恐れがあるのだ〉

ロボットは孤独な人を癒やし、さらに孤独にする

次に、孤独がテクノロジーの発展を促す面について見てみよう。皮肉なことに、孤独に苦しんでいるはずの人々が、いっそうのデジタル化やロボット化を求めているのである。

〈英国人の8人に1人が、ロボットと友達になっている将来の自分を想像できると言う。年齢を18～34歳に限ると、この割合は5人に1人に跳ね上がる。（中略）米国の2～8歳の子どもの60％が、すでに日常的に何らかの音声アシスタントと交流している〉

こうした右肩上がりの需要に応えて、目覚ましい発展を遂げつつあるＡＩ・ロボット工学のおかげで、「２０４０年という近い将来に、人間とロボットの交流が人間同士の交流とほぼ同じに感じられるようになる」と多くの科学者たちが推測しているという。『ロボットとの愛とセックス（原題：*Love and Sex with Robots*　※未邦訳）』の著者デービッド・レビーは、２０１９年のインタビューで「人工的情緒は人間の情緒と同じくらい説得力のあるものになり、ほとんどの人はＡＩとコミュニケーションをとったとき、人間が相手の場合と同じか、それと非常に似た効果を経験するだろう」と言ったそうだ。

このあっけらかんとした楽観的な態度はどうだろう。ここでいま話しているのは、従来のケア労働の担い手としてのロボットではなく、失われてきた人間関係をロボットとの交流で代替しようという話である。要するに、生きる意味の喪失としての孤独を癒やすためだ。そしてそれがたしかに効果をあげている、という。

しかし、ぼくたちはここで立ち止まって考えてみる必要がある。人間並の情緒をもつロボットとの交流が、過度の依存を引き起こすことは容易に想像できる。さらに、ロボットなしでは生きられなくなった人は、ますます（ホンモノの）人間関係から遠ざかり、人間社会から隔絶されてしまうのではないか。ハーツも言うとおり、ロボットによる癒やしは、人間同士の関係を犠牲にしてはじめて成り立つものかもしれないのだ。ある研究では、人間がロボットに対して非常に不親切で、残酷にさえなり得ることがすでに明らかにされているという。ロボットに対して不親切で冷酷になっていく人が、ほかの人間に対して、また自分自身に対して、やさしく寛大になっていくとは考えにくい。

孤独の深まりとともに孤独ビジネスがますます繁栄していることをハーツは詳しく報告している。なかでも急成長しているらしいのが、セックスロボットのビジネスだ。そこにははっきりと、「人間が、人間よりもロボットとの交流を好むようになる」傾向が表れている。専門家によると、ロボットは「人間との愛情が決して冷めないようにプログラムできる」だけでなく、しまいには、「人間の欲望や心理、情緒を人間よりもずっとうまく読めるようになる」という。ハーツは倫理哲学者たちの言葉を紹介している。そんなロボットの「パートナーが手に入るのに、完璧でない（人間との）情緒的あるいは性的関係に満足する人がどこにいるだろう」。ハーツも同意するように、もっともな指摘だ。残念ながら、これはジョークではない。

『クララとお日さま』に示されるユートピア

ロボットと人間とのあいだには本質的な関係は成り立たない。人間が人間であるために欠かせない、「あなた」と「わたし」のあいだの相互依存的で相補的なつながりは。そう考えるぼくは時代遅れのロマンチストなのだろうか。

高度なテクノロジーは一見相互的な身体的、心理的なやりとりを可能にするかもしれない。でも、それは結局、非対称的な関係にとどまるしかない。人はケアされたときに孤独感が減るという面ばかりが注目されがちだが、人は誰かをケアするときにこそ孤独の度合いが下がる。ケアすることが、自分にとってもいちばんのケアなのだ。これは、『「あいだ」の思想』という本に書いたことだが、ケアすることとされること、そして、したりされたりしている「あなた」と「わたし」は一体なのだ。アッシジの聖フランチェスコにならっていえば、「与えることのなかで、与えられる（It is in giving that I receive）」のである。

ロボットについて考えるたびに、カズオ・イシグロの『クララとお日さま』という美しい小説が心に去来する。主人公のクララはＡＦ（人工友だち）としてつくられたロボットだ。舞台は「孤独の世紀」がさらに進んだ近未来。裕福な家庭の一人っ子たちは、買ってもらった最新型のＡＦに、物理的にも、情緒的にもケアされながら育つ。その多くは能力向上のために、ある医療処置を受けている。クララが買い取られた家の女の子ジョジーは、その処置の後遺症とも思われる難病に苦しんでおり、その看病がクララにとって重要な仕事の一部だ。また処置済みの子ばかりがいく学校に通うジョジーは、しかし、未処置のリックという幼なじみのボーイフレンドと付き合っている。

処置済みの子どもと未処置の子どものあいだには、格差があり、差別がある。それが、ジョジーとリックの関係に影を落とすことにもなる。また、ＡＦにも、最新型と旧型のあいだに微妙な差別的な〝感情〟が働いている。クララをはじめ、旧型ロボットたちが顧客のよい友となるために必要な「よき心」の持ち主として設計されているのに対して、最新型は競争心、嫉妬、差別意識などをも組みこんだ、よりリアルな人間に近いものとして〝改良〟されているらしい。旧型のクララが「利他ロボット」であるとすると、新型は利己的な要素を取り入れているわけだ。

『クララとお日さま』は、ＡＦとしてジョジーの家庭に入ったクララとそれを取り巻く人間たちとの物語だ。それは、まるで聖人のように、「利他」という本来の人間に備わっていたはずの性質を内面化したロボットと、利他性を見失って、利己的、打算的、競争的になり、だからますます不安で、傷つきやすく、孤独になった人間たちの物語だと言ってもいいだろう。

また太陽光という再生可能エネルギーだけで生きるクララは、いま話題のＳＤＧｓの体現者でもある。ただそのクララにとって、太陽は単なる資源なのではなく、神聖な存在だ。窮地に陥るたびにクララがとる最後の手段は、太陽に祈ること。そんなスピリチュアルなロボットであるクララは、すでに科学技術を信仰することでスピリチュアリティを失ってしまった人間たちの幸せのために身を削るようにして奮闘する。道路工事に使われる巨大な機械が自然環境を汚染し、太陽に敵対していると考えたクララは、その機械を破壊しようとする。クララという機械による〝機械打ちこわし〟だ。

これはディストピアだろうか？　いや、クララが人間のかわりに、身をもって指し示しているのは、ユートピアだ。ぼくたちも、自分たちなりの機械打ちこわしを、太陽崇拝を、分かち合いや助け合いの利他運動を始めるべきときなのかもしれない。人間が孤独に押しつぶされてしまう前に。

テクノロジーと人間のあべこべ

18世紀末から19世紀はじめにかけて産業革命期のイギリスでは、ラッダイトと呼ばれる機械打ちこわし運動が民衆の支持を得て盛り上がっていた。産業革命によって機械化が進み、蒸気機関を使った紡績機が現れて、多くの労働者が職を失い、残った労働者の労働環境も悪化、長時間の過酷な労働を強いられ酷使されるようになった。こうして、その原因が機械の導入にあると考えた労働者による機械の打ちこわしが頻発するようになったのである。政府はこれを制止しようと、しまいには機械破壊者に死罪を科す法律まで制定し、多くの活動家が処刑されたという。

のちにカール・マルクスはこのラッダイト運動に触れて、機械というモノを破壊するのではなく、社会のしくみそのものを変えるべきだと批判している。それはもっともだが、しかし、機械そのものについても、ぼくたちはもっと真剣に考え直してみるべきではないだろうか。スマホを壊したり、ロボットを壊したりしようというのではない。テクノロジーを無条件によいものとして受け入れてきた結果、いつの間にか、テクノロジーが人間に仕えるのではなく、人間がテクノロジーに仕えるようになってしまった現状に、歯止めをかけたいと思う。その意味で、ぼくはラッダイトの活動家たちに共感を覚えるのだ。

コミュニケーションは情報伝達のため、経済はモノやサービスのやりとりでお金やほしいものを手に入れるため。そう考えて、そこで思考を停止させてしまうと、それらの目的のために、新しいテクノロジーを使って、非効率な部分ははぶき、ジャマなものはムダとして切り捨てる、という発想に歯止めがかけられなくなる。

しかし、コミュニケーションも経済的なやりとりも、ひとつの目的へ向かう単純でまっすぐな道筋ではないはずだ。経済とはもともと、単なるモノのやりとりのことではなく、そこに伴う人間同士の交流やコミュニケーションの機会でもあった。むしろ、人間が関わり合い、関係性を深めるための「ダシ」として、モノがやりとりされていたのではないか、とさえ考えられる。

また、現在、コミュニケーションと呼ばれているものも、もともとは単なる情報伝達という機能をはるかに超えて、同じ場に立って、同じプロセスを共有すること、ムダ話に花を咲かせること、飲み食いすること、親近感を深めることなどという多様な機能が一体となった、多面的な営みだったのだ。「ついで」にゴシップを交換したり、冗談を言い合ったりしたのではなく、情報やモノやお金のやりとりのほうが「ついで」だったのかもしれない。何がムダなのか、誰がムダなのか、わかりはしないではないか。

どうやら、怒りや暴力ではなく、思いやりや想像力を糧にした現代のための「新・機械打ちこわし」運動を始める必要がありそうだ。機械を壊すのではなく、テクノロジーとぼくたちとの不幸な関係を根本的に変える。そのためには、テクノロジーがムダとして切り捨ててきたさまざまなものを見直し、そのなかから大切なものを見つけて、取り戻していくことだ。その点、ぼくたちが大いに学ぶべき人々のコミュニティが、なんとアメリカのど真ん中にある。その名はアーミッシュ。

テクノロジーを取捨選択する

アーミッシュとは、ペンシルバニア州やオハイオ州からカナダに至る広い地域に点在する宗教的コミュニティのことだ。もとをたどれば、「宗教改革」でカトリックから離れたプロテスタントの一分派であるアナバプティスト（再洗礼派）。16世紀に激しさを増した国家と宗教的権力による大弾圧で多くの犠牲者を出したアナバプティストたちだったが、17世紀の終わりにはアメリカへと逃れて、コミュニティの礎《いしずえ》を築く者たちが現れた。そのひとつが現在へと続くアーミッシュ・コミュニティだった。１９３７年の最後の集団移民まで、その時々の弾圧や戦火を避けてアメリカへ移住した人々を加えて、コミュニティは徐々に膨らみ、現在は約35万人に達するといわれる。

20世紀初頭までは田園地帯に住むプロテスタントの一派として、アーミッシュは特に目立つ存在ではなかったらしい。しかしいまでは、彼らのことを知らない者はいない。多くのアメリカ人にとって、彼らは古めかしい格好をした、変わり者たちの宗教集団として、冗談と冷笑の対象だったが、最近は、急速にアーミッシュへの関心が高まり、そのコミュニティを訪ねるツアーが人気を呼び、研究者のあいだでもその生き方と思想を再評価する議論が盛んだ。

男性は、つばの広い帽子、白いシャツに黒っぽいズボン、女性は紫色や茶色のワンピースに白いエプロン、結った髪に白いレースのキャップというアーミッシュの姿は、祖先たちの移住が最盛期を迎えた1830年代からほとんど変わらない。多くの人の関心を引くのは、テクノロジーに対する、頑なにも見える彼らの保守的な態度だ。家には電線がつながっていない。電気というものを基本的に使わないのだ。最近は、蓄電池式のモーターで動く農機具を使うこともあるようだが、農作業のほとんどは馬力に頼る。おもな移動手段も馬車で、いまでも自動車を使うことはほとんどない。

実際、未だに多くのアメリカ人は、アーミッシュといえば禁欲主義者で、進歩とテクノロジーを毛嫌いしている人々だと思っている。しかし、アーミッシュは必ずしもテクノロジーを拒否しているわけではない。電線を引かない彼らでもプロパンは受け入れているし、ふだん自動車を使わなくても、アメリカ南部で休暇を過ごすときには、高速バスを利用することもある。新しいテクノロジーが登場するたびに、コミュニティ全体で、それを使用することの是非をめぐって周到な議論が交わされるのだという。では、あるものは可として、あるものは不可とする、その基準は何なのだろう。

政治学者のパトリック・デニーンの著作『リベラリズムはなぜ失敗したのか』によれば、その基準となる第1の問いはこうだ。この技術ははたしてコミュニティの調和や結束を支えるために役立つのか、それを損なう方向に働くのか。

たとえば自家用車は、たしかに、20世紀以降の人間の性格や行動様式に、そして社会のありようにもっとも大きな変化をもたらした革命的なテクノロジーのひとつだと考えられる。自動車専用の舗装道路をいたるところに敷き、燃料になる石油を世界中で掘り出し、それをめぐって戦争をくり返し……。大衆車生産のために20世紀はじめに確立された「フォードシステム」と呼ばれる流れ作業式の大量生産方式は、徹底した分業によってムダをはぶくことで生産性を大幅に向上させたが、それはやがて、世界中の仕事と労働の意味を大きく変えることにもなった。

間もなくアメリカでは、郊外の家の住人一人ひとりが大きな車を1台ずつ持つことが当たり前となり、1人当たりの移動距離も飛躍的に増えた。車がなければ、女の子をデートにも誘えなかった。アメリカ的個人主義が自動車文化をつくったともいえるし、自動車文化がアメリカの個人主義をつくったともいえるだろう。自動車はアメリカの自由と幸福の象徴となった。だが、やがて、それは同時に交通混雑、大気汚染、不健康、孤独の象徴ともなった。

デニーンは問う。さて、自由なのはどちらだろう？　自家用車を持たないことを選んだアーミッシュの人々だろうか、それとも、自家用車を持たないという選択肢を思いつくこともなかったアーミッシュ以外のアメリカ人だろうか？

デニーンはまた、アーミッシュのほとんどのコミュニティが保険の契約を禁じていることに注目している。アーミッシュにとって保険制度が問題なのは、その匿名性、秘密性、個人主義的な考え方だという。誰かに何かの損害が生じた場合、共通のお金のプールから何らかの補償がなされたとしても、誰にもそれはわからない。つまり、保険というものはつながりをつくらないばかりか、すでにあるつながりを断ち切るようにも作用する。特に企業が商品として売買する保険は、人々の不安や孤立感を軽減する一方で同時に増幅させもする。そういうものはアーミッシュにとって必要ない。なぜなら、すでに数百年にわたって積み上げられてきたコミュニティの相互扶助システムというつながりこそが、本来の意味での保険なのだから。

たしかに、外から見ると、アーミッシュの暮らし方は不自由で禁欲的に見える。しかし、デニーンが指摘するように、自動車にしても保険にしても、ハードなテクノロジーでもソフトなテクノロジーでも、あらゆる問題について、アーミッシュは時間をかけてコミュニティ全体で徹底的に話し合う。選択の自由がないどころではない。そもそもアナバプティスト（再洗礼派）の起源は、生後間もなく義務的に行われる洗礼に対して、大人として自由意志で洗礼を受けることを選ぶべきだという主張にあるのだから。

誰もムダにならないコミュニティ

このようにアーミッシュは全体の調和を重視するが、それは必ずしも「個」を軽視することを意味しない。長年アーミッシュのコミュニティを訪ねて取材を重ねた堤純子《つつみじゅんこ》は、『アーミッシュの老いと終焉』という著書でこう言っている。

〈一部が決めたことを教区全体に押しつけるのではなく、それぞれが意見を出し合い、全員でそ

れを吟味したうえで結論を出すからこそ、一度決まれば皆が守り抜くのである〉

公的な社会保障制度（ソーシャル・セキュリティ・プログラム）に参加しないアーミッシュは、それにかわるものとしての自前の寄付制度をもっているのだが、税金のように収入に応じて寄付額が決められているわけではなく、各個人の判断に任されている。それも、寄付はすべて匿名で行われ、誰がどれだけ寄付したかは誰も知らない。

また、司祭、説教者、執事という教区ごとの三役はくじによって選出される。コミュニティ・リーダーというよりは、世話役である。「それにもかかわらず、富の再分配が円滑に行われていることは驚くべきことだ」と堤は言う。デニーンにならった言い方をすれば、禁欲的で保守的に見えるアーミッシュと、進歩と自由を旗印にした非アーミッシュと、いったいどちらが民主的で、どちらが自由なのだろう？

堤によるアーミッシュ・コミュニティ内部のレポートを見ていこう。

〈助け合いの精神が、アーミッシュの伝統として今も深く根を下ろしているのである。それは金銭面の助け合いだけでなく、日常生活のあらゆる場面に浸透している。病気や怪我、あるいは急な用事で家を空けざるを得ない隣人がいれば、親戚や仲間たちが入れ替わり立ち替わり畑や家畜小屋にやって来て、農作業を代行するし、結婚式や葬儀などの際には、遠く離れた教区に住む親戚が、その教区のメンバーと一緒に手伝いに駆けつける〉

アーミッシュの村を舞台にしたハリソン・フォード主演の映画『刑事ジョン・ブック 目撃者』

を見た人なら、新しい納屋をコミュニティ総出で棟上げするシーンを覚えているのではないか。先祖から受け継がれたこの納屋づくりを、もっと新しいハイテクの建築方法と取り替えてしまわないのも、コミュニティの協同をそれほど見事に体現するものはほかにないからである。納屋は家屋よりも重要だとアーミッシュはよく言うそうだ。結果としての納屋だけでなく、納屋づくりというプロセスそのものが、彼らにはなくてはならないものなのだろう。

納屋づくりのほかにも、結婚式や葬式、保存食づくり、「キルティング・ビー」と呼ばれるキルト製作など、協同作業の場はたくさんある。それらは実用的な仕事であると同時に、人間関係の絆を保持し、更新してゆくための儀礼であり、祭りでもある。ある女性は堤にこう言った。「アーミッシュは、電気を使わず、昔ながらの暮らしを大切にしているから、お互いの助け合いで成り立っているの。不便さを、人の絆で補っているのね」不便さを人の絆で補い、同時に、人の絆を不便さによって持続し、強めているのだ。

アメリカ人の多くは、アーミッシュ・コミュニティが内向きで、閉鎖的だという印象をもっているが、堤によれば、これも的外れだ。

〈アーミッシュはインターネットを使わないが、新聞を丹念に読むし、読書家が多いこともよく知られている。彼らは常に外の世界にアンテナを向け、世界情勢も社会の動きもよくキャッチしている〉

また、彼らの住居や畑は、非アーミッシュ地域に囲まれているので、日常の仕事や買いものなどをとおして、非アーミッシュの隣人たちとの関わりも多く、さまざまな情報に接する。しかし、それだからこそ、自分で考え、選択する機会が増え、それがまたアーミッシュとして生きる意志を持続し、強めることにつながる、と彼らは考えているという。

ただ、堤によれば、アーミッシュの人々は同時に、情報は情報にすぎないということをよくわかっている。

〈そして真に必要なのは単なる情報ではなく、神から与えられ、何世紀にもわたって受け継がれてきた知恵、知識、技であることをよく知っているのである。高齢者は先人たちから伝えられた知恵や知識、技の継承者であるだけでなく、それらを次の世代に伝える役割も担っている。このような役割があるからこそ、彼らには公私を問わず居場所があり、それが活動する意欲をかき立て、生きる意欲を支えているのだろう〉

最後にもうひとつ、デニーンも堤も重要視している「ラムシュプリンゲ」について触れておこう。「走り回る」という意味の古いドイツ語で、洗礼前の若者たちが、通過儀礼のように、さまざまな制約から解き放たれて、外の世界で自由に行動する一種のモラトリアム期間を指す。洗礼を受けてコミュニティに留まるか否か迷いながら、若者たちは外の世界でさまざまな経験をし、最終的な決定を下す。

堤によれば、その期間が定められているわけではない。アーミッシュとして生きるか、ほかの生き方を選ぶか、「それぞれ心を固めた時が、ラムシュプリンゲの終わりなのである」。

ファストフード店でバイトをして給料を稼いでは、映画を見たり、クラブで遊んだり……。パソコンやスマホを使いこなし、車を乗り回す。そんな経験を積んだのち、コミュニティに戻って洗礼を受けたばかりの青年はこう言ったという。

〈街の暮らしは刺激的だし楽しいけど、ふとした拍子に息苦しくなって、気分が滅入るんだ。なぜかわからなかったけど、ある時、空気が足りなくて口をパクパクさせている自分に気づいたんだ〉

研究者たちによれば、ラムシュプリンゲを経た若者の10人中9人ほどがコミュニティに残ることを選ぶという。

どうやら、アーミッシュ・コミュニティの最大の特徴は、居場所のない人がいない、孤独な人がいないということらしい。伝統的なコミュニティなら当たり前のことだ、と言ってしまえばそれまでだ。でも、アメリカをはじめとする近代的な世界のなかで、アーミッシュのような共同体が、いまや大海のなかの孤島のようにしか存在していないことを思えば、誰にでも居場所があるという状態をつくり出し、3世紀以上にわたってそれを維持するために、彼らが日々の営みを積み重ねてきたということは、驚くべきことにちがいない。それはまるで、孤独がパンデミックのように広がる「孤独の世紀」の到来を、はるか昔から予測し、それに備えてきたかのようだ。

アーミッシュは単なる自然発生的な共同体ではない。孤独を招かないような生き方、誰も役に立たないとか、ムダな存在だとかと感じないような社会のあり方を研究し、議論し、選択し、そして実践してきた一種の文化運動なのだ。伝統的な共同体や宗教のほとんどを失ってきたぼくたちの社会でも、アーミッシュに見習って、新しいムーブメントを起こすときが来ているのではないか。

第6章

ムダな抵抗は、してもムダ?

こだわりのコーヒー店にて

千葉県市川市に「ハト」という名のすてきなカフェがある。オーナーのフミオくんは、大学生のとき、ぼくが担当するゼミの一員だった。その頃から環境問題や人権問題への関心が高く、自分の生き方に関するこだわりが強かった。先日店へ行って、久しぶりにゆっくり彼と話してみると、たしかに当時、ほかの学生たちがあまりにこだわりがなさすぎて、拍子抜けしたらしい。彼は言わなかったが、このぼくに対しても環境運動を看板に掲げている教員にしてはゆるすぎる、と思っていたのではないか。

このカフェにも、彼のさまざまなこだわりが表現されているようだ。でも全体として、そのこだわりの角がとれて、まあるく、おだやかな印象を与える。そしてその景色のなかに、大人として熟成した彼が、すっと立っている。

特に、コーヒーへのこだわりは半端ではないようだ。焙煎は、福引きのガラガラみたいな手回しの小さな焙煎器を使って、自分でやる。コーヒーとしてメニューに載っているのはたったの3点。もっとも気に入ったコーヒー豆を、ひとつは深い味、ひとつはマイルドな味としてブレンドする。もうひとつは、自分で実際に足を運んで、親しくなった東ティモールの生産者からの豆を使ったストレート・コーヒー。客が少ないひまな時間——これがけっこう多いらしいのは困ったことでもあるが——には、大ザルに焙煎した豆を並べて、念入りに品質チェックをしているかと思えば、長いビーカーから、水出しコーヒーがひとしずくずつ落ちてくるのを見守る。この水出しコーヒーは、夜のドリンクのメニューにもなる。

夜の11時までやっているのは驚きだ。夕方一度休憩をとってからまた開けるというのだ。夜はバーにでもなるのかと思ったら、コーヒーリキュールはあるものの、メニューはほぼ昼の延長である。「え、でも、そんな遅く飲みに来る人いるの？」というぼくの問いには直接答えずに、「夜、コーヒーをゆっくり楽しめる店」というのが、長年の夢なんです、とフミオくんは言う。

インテリアはいたってシンプルだ。カウンターのなかのコーヒーに関わる、使いこまれて磨かれた道具類は別として、客席の側は、無造作とも思えるくらいあっさりしている。常連客が持ってきてくれたという蔓《わら》編みの買い物カゴ、竹編みのザルなどは、何かに使われることがあるのか、ただの飾りなのか、わからない。装飾といえそうなのは、カウンター席の目の前、フミオくんの背後の壁に掛かっている1羽のハトの絵だ。開店時にはほしいと思う絵がなかったが、その後、この絵と出合って、一目惚れしたのだという。シンプルだが、じつに味わいのある絵だ。

ふと思い出したのは、学生だった彼が若者にはめずらしくフィルムカメラを使っていたこと。

「いまでも？」と聞くと、彼は微笑んでうなずいた。

カウンターのいちばん奥の端には、レコードプレーヤーがかなりのスペースをとって居座っている。音楽にもかなりのこだわりが感じられる。スピーカーにも凝っているようで、音はなかなかいい。トイレに立った人は、キッチンから戸をひとつ隔てた薄暗がりに、１０００もあろうかというLPレコードが並んでいるのを見ることになる。ほとんどがブルースやソウルで、営業時間にかけられるようなものはないのだという。ではなぜ、ここに置いてあるのだろう？

いろいろ疑問は浮かぶが、いろいろ聞いても、フミオくんからはあまりはっきりとした答えは返ってこない。答えらしきものがあっても、それが説得的だとは限らない。なぜ、「ハト」という名前なのだろう？　彼の答えは、大好きなおばあちゃんが飼っていたから。「ふーん」と言って、そこで話は終わってしまう。まあ、それも職人の風情だと思えばいい。言葉によるコミュニケーションは、ここでは二義的なのだ、とぼくは納得する。コーヒーを注文してから出てくるまでにけっこう時間がかかったようにも思うが、なぜかあまり気にならない。職人としてのフミオくんの滑らかな動きを見たり、音楽に耳を傾けているだけでも飽きないのだろう。

休憩時間まで居座ったぼくは、やっと彼との言語によるコミュニケーションの時間をもつことになった。彼が何よりぼくに話したかったのは、彼が大事に育んできた東ティモールのコーヒー生産者のコミュニティとのお付き合いのことだ。その話を聞くうち、ぼくの心に、彼を含むゼミの十数名とインドのラダックへフィールド学習に行ったときのことが次々と浮かんだ。それからしばらくは、ふたりで大笑いしながら、思い出話に花を咲かせた。

これを読んで気になった方はぜひ「ハト」に立ち寄ってみてほしい。「ところで、コーヒーはうまいの？」とあなたは聞くかもしれない。肝心なことを言うのを忘れていた。でも、ぼくはもうああだ、こうだと言いすぎた。あとはあなたが実際にそこに身を置いてみての判断に任せたい。

「こだわる」という抵抗

手づくりから工場製品へ、自然素材からプラスチックへ、アナログからデジタルへと、モノから情報へ……。これらの転換をスイスイとこなしていく人たちが、世界の〝主流〟をなしている。この流れに抗うことは容易ではない。大学というところは、この切り替えを、社会の先頭に立って学生たちに叩きこむ、少なくともそう期待される、ところなのだろう。その大学に長年勤めたぼくもそれに抗いたいという思いを抱きながらも、そして周囲より少しだけ後れをとりながらも、気がつけば、すっかりハイテクなモノたちに取り囲まれていたのだ。正直、ｉＰｈｏｎｅやパソコンのない暮らしはぼくにも想像しにくい。現にいまこうして、ぼくは、パソコンに文字を打ちこんで、今夜はＺｏｏｍミーティングに出席する。

だからといって、抵抗感だけは手放したくないという思いはいつもあったし、いまもある。思えば、いろいろなことをやってきたものだ。30年前に長い海外生活から日本に戻って以来、マイカーを持つことをやめ、牛肉を断ち、マイボトル入り飲料やマイカップやマイバッグ、箸やハンカチや傘を常備して、使い捨てのものを極力使わず……。新しいミレニアムを前に、友人たちや学生たちと「ナマケモノ倶楽部」というグループをつくって、使い捨てやプラスチック製品から、自動販売機、農薬、ダム、石炭火力から原発まで、ジャンルや大小を問わずに、「ナマケよう！」と訴えた。また一方では、レコードを手放せず、蓄音機まで買いこみ、ゼミ生たちと毎年田んぼで昔ながらのローテク農業のまねごとをし……。

ささやかな「抵抗」を数え上げればきりがない。どれもまあ、他人からみれば、「ムダな抵抗」なのである。しかし、そこでちょっと考えてみたいのだ。ぼくが長年、やってきたことを単に「抵抗」と呼んでしまうことには違和感がある。たとえば、ぼくが大切なレコードを未だに聴くのは、抵抗のためではない。同じように、ぼくがやっていることのなかで、抵抗のためにやっているのはどれか、と聞かれたら、答えようがない。最初はある抵抗感から始めたことも、いずれ、自然な暮らしの風景のなかに自然に溶けこんでいく。抵抗が抵抗のままでは、長続きしないのだ。抵抗感はやがて生活のすみずみにまで染みこんで、自分の暮らしのスタイルになる。はじめはちょっとぎこちなくて青臭く見えるこだわりも、次第に丸みを帯びて、その人らしさの一部となり、ひとつのスタイルとなる。

逆に、まったく抵抗感が感じられない生き方というのがあるとして、それはどんなものだろう。まったくこだわりのかけらもない人というのは……。

もしかしたら、ムダな抵抗は、ムダではなかったのかもしれない。

お金にとらわれるといまも将来も失う

アイルランドにマーク・ボイルという男がいる（本書第3章にも登場）。ぼくは会ったことがないのだが、不思議なほどに親密感を覚える。こだわりについて語るなら、これ以上ふさわしい人物はなかなかいない。彼こそ、こだわりの塊なのである。

ぼくが読んだ彼の4冊の本の最初の2冊、『ぼくはお金を使わずに生きることにした』と『無銭経済宣言』は、タイトルのとおり、3年近くに及ぶ、お金を使わない暮らしについての記録と、そこから見えてくる現代社会のありように対する痛烈な批判だ。

最初の本のクライマックスは、彼が友人たちと1年間のカネなし生活《マネーレス》の完了を祝おうと企画した、無銭パーティだった。それが、当事者たちの予想をはるかに超えて人気を呼び、メディアにも注目され、結局大がかりな「フリー・エコノミー・フェスティバル」となった。

同じ頃、彼が書きためた文章をまとめた本の出版が決まり、その契約金の支払いが近づいていた。これは、〝カネなしマイク〟にそれなりの大金が転がりこむという〝危機〟だった。悩んだあげく、彼は四つの案をつくり、ブログを通じて問いかけた。500以上の反応があり、その95％によって支持されたのは次の案だった。

「現実のフリー・エコノミー・コミュニティーを築く土地を購入するため、信託基金を設立」。ただし、マークは土地を所有せず、コミュニティーの合議制で運営するというものだった。

もうひとつ、その本の最後には、1年間のカネなし生活が終わろうというのに、一向に満ち足りた気分にならないマークが、延長を決めたことが書かれている。結局、その後2年、合計3年間、マークの冒険は続くことになった。

その3年間の実地体験に基づいて、フリーエコノミー（無銭経済）と彼が呼ぶ、古くて新しい経済のあり方を論じたのが2冊目の『無銭経済宣言』だ。断っておくが、「フリーエコノミー」を、つい「自由経済」などと訳さないこと。自由は自由でも、「自由主義」とか「新自由主義」の「自由」ではなく、その正反対、「お金からの自由」、つまり、「お金に関わらない、縛られない」という意味の自由だ。

この「無銭経済」を地でいく3年間は、マークを単にクリエイティブで器用で忍耐強い生活人にしただけではなく、彼を一流の人類学的フィールドワーカーに、そして立派な思索家にした。「カネは諸悪の根源」という言い方がよくされる。しかし、マークによると、それは正確ではない。「まちがった自己認識こそが、現在の多くの個人的・社会的・生態学的危機の根源だ」。これだけ深刻な危機が世界を覆っているというのに、なぜ、多くの人々はなおいままでのようにふるまうことをやめられないのか。その根本的な理由は〈自己〉に関する「錯覚」にある、とマークは考える。お金とはこの錯覚を温存し、強化する道具立てなのだ、と。

地球上いたるところで、人間たちの、そしてほかの生命たちの、さらに自分自身の悲痛な叫びがあがっているのが聞こえないのだろうか。いや、そんなはずはない。ただ、カネという分断の道具をつかまされたために、「孤立分離の幻想」に囚われているだけなのだ。カネに邪魔されて、世界から、そして自分自身からも分断されているぼくたちは、自分がいま生きているはずの「いま・ここ」からも隔てられている。そう言って、マークはダライ・ラマのこんな言葉を引用する。〈将来の心配ばかりして現在を楽しもうとしない。そういう人は結局、現在も将来も生きてなど

いないのだ。あたかも死ぬことなどないかのように生き、本当の意味で生きることなく死んでいく〉

では、どこに希望はあるのか？　同じ『無銭経済宣言』のなかで、マークは、誰もがじつは、自分の内に大自然《ウィルダネス》をもっている、と言う。そして誰もが、「これと指さすことはできなくても、その存在を感じとることができる」。ただ、しじゅうカネがこの体感をジャマしているのだが。

要するに、マーク・ボイルの3年間に及ぶ無銭生活とは、内なる野生との一体性《ワンネス》を取り戻すための道であり、人間がもう一度人間らしく生き生きと、「いま・ここ」を生きることのできる社会へ向けた彼なりの一歩だったのだ。

ラダック地方の収穫期

さて、あの日、フミオくんのカフェ「ハト」で、夕方の休憩時間にぼくたちが思い出話をしたときに出たエピソードがある。インド最北部、ヒマラヤ山中にあるラダック地方に、ゼミで旅をしたときのことだ。ぼくが特に気に入って、これまでラダックを訪ねるたびに行くことにしている、シャラーという村がある。標高は富士山の頂上に近いはずだが、そこには何百年も続いてきた、豊かで安定して平穏な暮らしがいまも健在であるように見えた。少なくともぼくが最初にそこを訪ねた15年ほど前までは。ゼミの学生たちとともにこの村に滞在したのは、それから2年ほどあとだったと思う。

ちょうどそれは収穫期。ポプラの木は色づき、見上げる高山には新雪が積もっている。長い長い冬が、もうそこまで来ていた。畑が雪と氷に閉ざされるあいだの食糧を、家畜を含む大家族のために確保し、貯蔵しなければならない。収穫から脱穀の時期、かつては家族総出で穀物庫の横にある小屋に老若男女が雑魚寝して泊まりこんだものだという。本物の大きな家が、歩いてほんのすぐそこにあるというのにわざわざ、である。それこそが、人々が大人になって振り返ってみたときの、子ども時代の最高の思い出なのだという。

収穫後の第1段階は、ラダック版脱穀。畑に柱を立て、その周囲を、牛やゾー（牛とヤクのかけ合わせ）が、そしてその後ろについた人々が、収穫した大麦などを踏みながら、グルグルと歩いて回って、実とワラを分離してゆく。これは男性も女性もやる仕事だ。次に、その実とワラが混合したものを広い場所に広げる。ひとつずつの塊を数人が囲み、各々、ピッチフォークというフォークのようなスコップを差しこんでは、フワッと放り上げる。すると、風が軽いワラを飛ばし、下に落ちる実と、選り分ける。ラダック版の風選。これはおもに女性の仕事らしい。

じつに幸いなことに、ぼくもゼミ生たちも、この風選に参加させてもらうことができた。ずっと周囲で遊んでいる就学以前の子どもたちがみんな集まってきて注視する。外国から来た若いお姉さんたちの一挙手一投足にからだをよじるようにして大笑いするのである。ぼくはといえば、ゼミ生たちの素早い上達ぶりに目を見張っていた。持ち上げると同時に、腕の力を抜いて、ワラがフワッと宙に浮くようにする。ゼミの女性たちはこれがじつにうまい。しばらくするとぼくの目にはもう誰が現地の人かがわからなくなるほどだ。子どもたちはだんだん笑わなくなり、飽きたのか、また輪を離れてあちこちで遊びに興じはじめた。

風選にはひとつ大切なポイントがある。ピッチフォークを操りながら、「風を呼ぶ歌」を歌いつづけるのだ。ほとんどすべての協同労働には歌がつきものだ。ただ、この場合には歌詞はない。口をすぼめるようにして口笛に似たヒューヒューという音で、美しいメロディーを奏でる。休憩してお茶を飲んでいるあいだはまったく無風なのに、いざ、仕事を再開しようとして歌いはじめると、とたんに微風がやってくるから不思議だ。

お茶の時間がまた楽しい。散っていた子どもたちも一斉に集まってくる。遊びにも仕事にも休息が必要なのだろう。遊ぶ人と仕事する人が混じって憩う。気がつくと、遊びと仕事と休息というそれぞれの境目が崩れて、溶け合い、どれがどれだか、わからなくなっている。

脱穀機がもたらすもの、奪うもの

夜もまた楽しい。まだ9月だというのに朝晩の冷えこみはきつい。ぼくが宿泊している家の居間に、薪ストーブが焚かれて、その夜は、やはりゼミ生たち——そのなかに、あのフミオくんもいた——がお世話になっている近所の家との合同宴会となった。その近所の家には警察官となって村を出た中年の息子が、収穫期に合わせて一時帰宅していた。彼は、このときのゼミ実習のコーディネーターでもあるラダック人ガイドのスカルマ・ギュルメとは学校時代からの親しい友人。

このふたりを中心に、宴は大いに盛り上がった。

少しお酒が入った頃、スカルマと友人の警察官のあいだで議論が起こった。それは、その友人が、今回、町で脱穀機を借り、トラックに積んで、この村にはじめて持ってきたことをめぐってだった。そのことを友人が自慢げにしゃべったことが、スカルマの気にさわったらしい。ぼくの理解では、スカルマは友人をいさめるように言った。「そういうことには十分気をつけたほうがいい。機械ひとつで、急激な変化が起きるのだから」

友人は言う、「そういうことを言っているから、この村は取り残される。若者はみんな出ていってしまうし、両親たちも老けていくし」。スカルマは言う、「でも、脱穀機でもう人手がいらなくなったら、逆に、村の仕事がなくなって、若者たちも、動物たちもみんないらなくなってしまう。そうしたら……」。以後、「そうしたら……」、「そうしないと……」の応酬となる。

ぼくはぼくなりに理解した議論を、なんとかゼミ生たちに伝えようとした。みんな、その話題の脱穀機は見ていた。数名が並んで順番を待っていた。いくらかのお金を払えば、これまで少なくとも1週間かかっていた脱穀が、長くても1時間でできる。これじゃあ、どう見たって、かないっこない……。

ぼくはスカルマに、ふたりだけじゃなくて、この家の人たちにも意見を聞いて、議論に加わってもらうように頼んだ。ぼくが泊まっているこの家のお父さんは言った。「脱穀機は便利かもしれないが、まだわしがやれるうちは、いままでどおりやるさ。そうしないと、これまでずっとやってきたやり方が誰もわからなくなってしまうからね」

ぼくは通訳を通して議論についていくのをあきらめて、ゼミ生に向かって問いかけた。「そうしたら、そうしなかったら……、どうなるだろうね？」。この難問に、みんなうーんと唸って上を向いたり下を向いたり。

そのときだった、ディスカッションが好きで、ゼミでもよく発言していたフミオくんが、叫んだのは。

「あーっ」

部屋にいた大勢の人が彼を見る。彼は言った。

「歌がなくなっちゃう！」

第7章

スローライフはムダでいっぱい

不要テクノロジーを使わずに生きてみた男

またまた、マーク・ボイルだ。2021年秋、日本で4冊目となる彼の著書、『ぼくはテクノロジーを使わずに生きることにした』が出たのでさっそく読ませてもらった。そう、このタイトルがすでに明かしているとおり、今度は、マークがイギリスから故郷アイルランドへ戻り、高齢化と過疎化の著しい僻地の村に住みこみ、電気やガスや水道もなく、自動車や電話や時計も、パソコンやスマートフォンもない暮らしに挑んだ1年間の生活と思索の記録である。その1年のうちにも、村にあった最後のパブがつぶれたり、いちばん近い町にあった郵便局が閉鎖されたりというふうに、こんな世界の片隅にもグローバル経済はしっかり成果をあげる。

それでもマークはひるまない。オーガニック農場をつくりだすのはもちろん、長年ビーガンで、動物福祉の活動家でもあった彼は、いまでは釣り人となり、事故で死んだばかりのシカを自ら解体して、貯蔵するまでになる。ときどき、彼も憂うつな気分にとらわれることがある。そんなときふとこう思ったかもしれない。「ああ、あれもこれも、〝ムダな抵抗〟にすぎないのだろうか?」しかし、彼はそんなとき、外へ出て、空を眺め、愛犬とともに森を歩く。そして、彼のバイブルである『ウォールデン――森で生きる』の一節を思い出していたのだと思う。

ぼくが森へ行ったのは、慎重に生きたかったからだ。生活の本質的な事実だけに向きあって、生活が教えてくれることを学びとれないかどうかを突きとめたかったからだ。それにいよいよ死ぬときになって、自分が結局生きてはいなかったなどと思い知らされるのもご免だった。

（『ウォールデン――森で生きる』）

ぼくはたったいま、読んで間もないマークの新しい本の少なからぬ影響のもとに、この原稿を書いていることになる。とはいえ、マークが原稿を鉛筆で書くことにこだわったのに比べ、軟弱なぼくはいま、カフェに座って、透明のアクリルボードに三面を囲まれたテーブルの上で、せっせとパソコンのキーボードをたたいている。それでも、ぼくには確信できる。ひとりの人間が、地球上のどこかで人間らしく生きようとして、ときには反抗心をも奮い立たせて懸命に生きている姿は、たしかにぼくを励ましてくれる。

本の冒頭には、彼が敬愛する、作家であり環境活動家であるエドワード・アビーの言葉が掲げられている。

ぼくがここへきたのは、そういう人間の文化装置がつくりだす喧騒、汚濁、混乱をしばし回避したいためだけでなく、できれば自然界の根本的な、むきだしの存在の骨、ぼくらを養ってくれる基礎となる岩と、じかに向きあいたいためだったのだ。

生きるとは、この程度のことなのか？

テクノロジーとムダは相性が悪い。それもそのはず、テクノロジーとは総じて、「ムダをはぶくもの」だと考えられている。とすれば、テクノロジーを拒否したとたんに、テクノロジーがはぶいてくれているはずのムダがなだれのように覆いかぶさってくるのではないか、と思える。そしてそのムダの重みにぼくたちは押しつぶされてしまうのではないか、と。だが、本当にそうだろうか？

マーク・ボイルが自分の体験を通じてぼくたちに伝えるのは、テクノロジーを使わずに生きることは、たぶんほとんどの人が想像するのよりさらに難しいという、一見、あまりうれしくはないニュースだ。例えば、彼は手に持った鉛筆や、その下にあるノートをつくづくと眺めては、それが大きなオートメーションの工場でつくられるさまを、また、その原料となった木が巨大なマシンによって切り倒され、わしづかみにされるさまを想像してしまう。また、自分が乗っている自転車の修理をしながら、使っていた修理キットを見て、彼はこんなことを思って心苦しさを感じるのだ。

〈こんなのはあきらかに先進国の人間にしか持ちえないぜいたくな悩みだけれど、修理キットのようなグローバル製品にぼくが依存している以上、発展途上国とも無縁の問題ではない。アイルランドでひとりの男がブレーキをかけるとき、西洋の消費者が聞いたこともない場所で、広大な海洋と土壌とが荒廃する。以前に乗っていた『トランジット』バンとくらべたら、この自転車などかわいいものさ――そう自分に言い訳したって、しょせんは程度の差にすぎない〉

一見、頑なに見えるマークだが、しかし、その自転車に乗って町のパブに出かけて音楽を、踊りを、友人たちとの談笑を心から楽しむ。鉛筆・ノートもパソコンも所詮は程度の差にすぎないのではないか、と思いつつも、その差を大切にしよう、と心を入れ替え、パソコンで書かれる文章と、鉛筆で書かれる文章に本質的な違いがあることに思い当たる。

自分が否応なしに抱えてしまっている矛盾を認める、そしてそれについて、言い訳はしない、というのがマークの態度だ。10年間に及ぶ彼の「……を使わない」生き方のなかで、すでにありとあらゆる批判やシニカルなコメントを浴びてきた彼は、こんなふうに達観している。

〈たとえテクノロジーを使わない生活がうまくいったとしても、たたかれるのはわかっている。ましてや失敗した日には、容赦ない批判を浴びるにちがいない。（中略）自分が批判されるぶんには、まあいい。もうとっくに慣れてしまったから。だが、ぼくより有能な祖先たちが何千年ものあいだ問題なくいとなんできた生活様式が、不当におとしめられるかと思うと、気が気でならない〉

マーク・ボイルは頑ななのではない。彼はほかの人たちより、正直なだけだ。彼は都会での〝豊か〟で便利な生活のなかで、「生きるというのはこの程度のものにすぎないのか」という疑問を抱え、次第に、「いや、そんなはずはない」という確信を育てていったのだろう。そして、現代文明が次々にムダなものとして切り捨てていった物事にこそ、生の本質が孕《はら》まれていたのだという自分なりに打ちたてた仮説を、自分なりのやり方で、いわば〝バカ正直〟に実証しようとしたのだと思う。

そしてムダな抵抗は、やはり、ムダではなかったのだ。

解き方のわからない魔法をかけつづける現代社会

皮肉のスパイスが効いたマークのこんな語り口がぼくは好きだ。

〈大地に根ざした暮らしのドロドロぐちゃぐちゃの現実など知りもせぬ人たちから、ときどき、「あまり過去を美化するなよ」と忠告を受ける。お説ごもっとも。ただし、ぼくも言わせてもらおう。「そっちこそ、あまり未来を美化しないでよ」と〉

まったくそうなのだ。ぼくも自分の言動に対してよくこうした批判的なコメントを受ける。「過去を理想化するな」「伝統社会のいいところばかりを描いている」「ナイーブなノスタルジアにすぎない」といったものから、「原始時代へ戻れというのか?」まで。これらの言葉に共通しているのは、マークが指摘するとおり、未来のほうにばかり目を向け、過去に背を向ける態度だ。過去に対する暗いイメージと、それこそナイーブな明るい未来像。ときには、ぼくに投げかけられた言葉に、憎しみが込められているのを感じることもある。そしておそらくはそれも、ぼくへの、というより、過去に対する拒否感や嫌悪感から来ているのだった。やれやれ。

そこにあるのは、こんな考え方ではないか。テクノロジーが鍵だ。テクノロジーによって、過去は過去となり、現在があり、そして未来への扉も開かれる。テクノロジーが、過去の一切を不要なものにしてきた。だから過去とは不要なもの、ムダなガラクタの集積にすぎない。輝かしい現在、さらに輝かしい未来は、その瓦礫の上に建てられるものなのだ……。

環境運動家や社会運動家たちはいろんな問題をほじくり出しては大騒ぎ。自分たちはテクノロジーの恩恵に浴しながら、まるで問題の解決が過去に戻ることにあるかのような幻想をふりまいている。しかし、彼らが言う危機も、目覚ましい勢いで進化しつづける科学とテクノロジーが解決してくれる……。

こうした考え方は、テクノロジーがすべてを解決するという意味の英語で、「テクノフィックス」と呼ばれる。いまはただ、テクノフィックスについて2点だけ指摘しておきたい。ひとつは、テクノロジーが開く未来への楽天主義が、人類の過去に対する偏見に満ちた軽蔑とウラオモテの関係にあるということ。もうひとつは、テクノロジー礼讃の裏に隠されてしまっているのは、現在人類が直面している危機をつくり出したのが、当のテクノロジーだったというまぎれもない事実だ。テクノロジーがフィックス（解決する）することができなかった問題の集積が、いま、人類そのものの存続を揺るがす危機を生み出したのだろうに。

テクノロジーが生み出した問題をテクノロジーが解決する、というテクノフィックスという物語には、人間が登場しない。そこではテクノロジーは自動機械のように、問題を生んでは自ら解決しつづけるという閉じた円環のなかにある。これはおそらく、人間嫌いの人たちが見た夢なのではなかろうか。

そういえば、ドイツの詩人ゲーテ（1749〜1832）も取り上げたという、ドイツに昔から伝わる「魔術師の弟子」という寓話がある。魔術師の弟子になったフンボルト少年はあるとき、先生の留守中に覚えたての魔法を使って箒《ほうき》に水汲みをさせようとする。言いつけられたとおり、自分で掃除するのが面倒だったのだ。働きはじめた箒はせっせと井戸から水を汲み上げる。そこで、はたとフンボルトは気づく。かけた魔法をどうやって解くのかをまだ習っていなかったのだ。箒が汲み上げつづける水で家は洪水になってしまう。

現代の科学やテクノロジーというのも、解き方のわからない魔法をどんどんかけるようなものではないか。例えば、世界中で、毎週、わかっているものだけで3000種類の新しい化学物質が人工的につくり出されているそうだ。その一つひとつが安全かどうかを調べるのには1年も2年もかかる。これでは、とても追いつかない。事実、ぼくたちの地球は、あのフンボルトが引き起こしたのと同様の、ありとあらゆる汚染物質の洪水だ。これは他人事ではない。ハイテクの魔法を操っているのは専門家ばかりでなく、ありとあらゆるハイテクグッズを使用して、もうそれなしには生きられなくなっているぼくたちみんななのである。魔法を習いたての魔術師の弟子たちは、魔法をかけることはできても、どうやって止めるかは誰も知らない。

消える言葉たちが示すもの

ここで、立ち止まって考えてみよう。当たり前のことだが、テクノロジーが不要にしてしまったものとは、最初から必要でなかったわけではなく、かつて何らかの必要性があると思われていたものが、いまでは不必要になったということだろう。

先に紹介したマーク・ボイルの同じ本のなかに、こんなことが紹介されている。『オックスフォード子ども辞典』というものがあって、一定の期間をおいて改訂されてきたらしい。その2007年版で削られた見出し語のなかには、次のものがあったという。

〈アオサギ、イモリ、花穂《かすい》、花蜜《かみつ》、カワウソ、カワセミ、キバナノクリンザクラ、キンポウゲ、シダ、タンポポ、ツタ、トチの実、トネリコ、どんぐり、白鳥のひな、ハシバミ、ハンノキ、ヒバリ、ブナ、ブルーベル、ヘザー、牧草地、ヤドリギ、ヤナギ〉

その一方、同じ2007年版に新しく登場した見出し語には次のものがあった。

〈委員会、MP3プレイヤー、箇条書き記号、カット&ペースト、セレブ、チャットルーム、添付書類、ブロードバンド、ブログ、ボイスメール、棒グラフ〉（ロバート・マクファーレン『ランドマーク』からのマーク・ボイルによる引用）

これを受けて、マークは例によって、皮肉っぽいユーモアを込めてこう言う。

〈トチの実どうしをぶつけて遊んだ思い出のないスマートフォン世代は、トチの実という単語がなくなったって特にどうとも感じないだろう。妙な話だ。アイルランドの財政難にあえぐ町の、そのまたはずれにある労働者階級向け公営住宅地で、ぼくが育った一九九〇年代には、『自然界の何がなくなってつらく思うか』なんて、誰も聞いてくれなかった。だのにいま、テクノロジーを手ばなしたとたん、『機械を使えなくなって何がいちばんつらいか』を誰もが聞きたがる〉

日本の子ども向け辞書や事典でも、同じようなおもしろい指摘があるかと思って調べてみたが、見つからなかった。ただ、ある国語辞典の最新の改訂版について、「恋愛」の項目に「相手が異性とは限らない」という新しい説明が加わったとか、新たに追加された言葉のなかには以下のような環境やジェンダーに関するものが多いとかという記述がある程度だ。「エスディージーズ（ＳＤＧｓ）」「エルジービーティー（ＬＧＢＴ）」「環境ガバナンス」「サステナビリティー」「資源ごみ」「生物多様性」「ソギ〔ソジ〕（ＳＯＧＩ＝性的指向／性自認）※〔　〕は著者注」「ダイバーシティー（diversity＝多様性）」「二酸化炭素＝CO_2」「フェアトレード」「レッドデータブック」「レジリエンス」「ワークライフバランス」……。なんだ、ほとんど英語じゃないか。

ほかには、子ども辞典も大人の辞典も、新たに加えられた言葉が、いかに時代の変化を敏感に反映しているかを自慢するような広告まがいの記事ばかりで、消えた言葉については、ほとんど言及がない。いずれにせよ、人々の関心は新しく現れるものやグローバルなものに向けられていて、古びたもの、ローカルなもの、不要になったものには向いていない。不要になったから関心がなくなったのか、関心がなくなったから不要になったのか。おそらく両方だろう。

「私を生かしているもの――鳥、森、湖」

いまは亡きペンティ・リンコラというフィンランドの漁師のことを思い出す。彼は人間嫌いな偏屈爺さんとして知られていた。彼によれば、健全で美しい自然界の存続のためには人間はジャマ者にすぎない。伝統的な文化のなかには、自然との共生の知恵をもった人間たちの持続可能な暮らしもあったかもしれないが、それも、これほどに人口が増大してしまったあとでは、選択肢とはならないという。

10年ほど前、そのリンコラを訪ねたことがある。ヘルシンキから北へ１２０キロの田舎に小屋を建てて質素に暮らしていた。近くのパイヤンネ湖で、パイクパーチなどの魚を、自給用と、また売って最低限の生活ができる分だけとる。養殖による大量生産が増えたせいで、天然魚の値段も下がりつづけている。長年、中間業者に売ってきたが、やっていけなくなって、直売に変えた。１０００戸の家を訪ねるために、１日に馬車で50～60キロ走ったものだという。漁業はおもに、湖を厚い氷が覆う冬に行われるものだったが、最近は氷が薄すぎて、年によっては氷上の漁ができない。動物たちも鳥たちも、長い冬の寒さに、雪に、気の遠くなるような時間をかけて適応してきた。しかしいま、すべてが狂ってきているという。

リンコラは長年、生態観察を続けていた。小屋の真ん中に置かれた大きなテーブルいっぱいに積み上げられているノートは、60年間以上に及ぶ鳥の生態観察の記録だった。この価値に気づく科学者たちが現れたが、手書きの字が他人にはほとんど読みとれない。友人たちの要望を受けて、リンコラは仕方なく、電気を使わない昔ながらのタイプライターで打ち直すことにした。ぼくが訪れたとき、打ち直し作業はやっと１９６０年代に入ったばかりだった。１００歳になる頃には終わるさ、と言ったときにも、彼はいつもの仏頂面を変えなかった。

でも、「私を生かしてくれているのは鳥と森と湖」だとぼくに言ったときだけ、リンコラは少し、はにかんだように微笑んだ。自分の生を支えるそれらのものを守るために、彼は、土地を買いとってそのまま手つかずの自然として保全する運動にも取り組んでいた。ぼくにも買えると言うので、お金を出した。その証書は失くしてしまったが、ぼくはいまでもどこかフィンランドの奥地の森の一画を所有しているはずだ。

そう、長い目で見れば、何が役に立つか、何がムダか、誰にもわかりはしないのだ。それをわかったつもりになったり、わかったふりをするところから、過ちは始まる。

たちおくれたとしても、おそくはない

詩人、石垣《いしがき》りん（1920〜2004）に、『私の前にある鍋とお釜と燃える火と』と題された詩集がある。１９５９年に刊行された彼女の最初の詩集だという。その表題作を見てみよう。

それはながい間

私たち女のまえに
いつも置かれてあつたもの、

鍋は「自分の力にかなうほどよい大きさ」だし、釜はお米が「ふくらんで光り出す」のにちょうどいい。そして火は、ずっと人類とともにあった。その「ほてり」の前には「母や、祖母や、またその母たちがいつも居た。」

銀行員として生涯独身で働きながら、障害者を含む家族を養い、支えつづけたという石垣。ここで彼女が語るのは、家事をめぐる技術についてだ。いまではローテクと見なされても、テクノロジーにはちがいない。いや、彼女は、テクノロジー自体についてというよりは、それを駆使して生きる人々について語っているのだ。そもそも、火を使うことによって、ヒトは人間となった。鍋釜を使うことによって、テクノロジーは文化になった。器物は単なる器物ではなくなった。

その人たちは
どれほどの愛や誠実の分量を
これらの器物にそそぎ入れたことだろう、

この散文詩が書かれたのは、おそらくは第２次大戦後、間もない頃だと思われる。それは、石垣とその家族が抱えていた家事を大幅にはぶいてくれるはずの電化製品たちが、続々と登場する前夜だ。「ながい間」、女たちの前に「いつも置かれてあった」鍋やお釜などのなつかしい器物の多くが、そして燃える火までもが、遅かれ、早かれ、はぶかれることになる。すると、それらの器物に注ぎ入れられた「愛や誠実」もまた忘れ去られるのだろうか。
次に石垣は、女性と家事との、そしてテクノロジーとの関わりについて言う。

炊事が奇しくも分けられた
女の役目であったのは
不幸なこととは思われない、
そのために知識や、世間での地位が
たちおくれたとしても
おそくはない

ちょっと古めかしく見えるが、だからといってこれを時代遅れのアンチ・フェミニズムとして片づけてしまうのは、かしこいことと思えない。炊事が女性の役目だったのは、幸せだった、と彼女は言わない。でも、不幸だったとは思えない、そこには深い意味があった、と言うのである。その意味のためには、ほかの分野で、たちおくれたとしてもいいではないか、と。

「たちおくれたとしても、おそくはない」。スローライフの真の意味をズバリと言い表した名言である。しかもそれは、世間がこぞって、高度経済成長の道を突っ走っていた頃のこと。日本中、ほとんどの人が「進歩」という怪しげな概念に、身も心も捧げていたのだ。

進歩の枢要は、ムダをはぶくこと。そして、言うまでもなく、そのチャンピオンはテクノロジーだ。戦争に動員された男性たちが、今度は進歩のための〝戦争〟に駆り立てられて、せっせと雑用を切り捨てる。〝銃後〟を託された女性たちは、今度も、戦う男性たちを支えるための、膨大な雑用を任される。男性中心の企業社会で働きながら、しかし、石垣はその雑用の意味を忘れなかった。そして、女性も男性と同等の企業戦士になるべきだとは考えなかった。

とはいえ、彼女は進歩を否定しているのではない。進歩は男性に任せて、女性は古風に昔ながらの役割に甘んじていよう、というのでもない。

それらなつかしい器物の前で
お芋や、肉を料理するように
深い思いをこめて
政治や経済や文学も勉強しよう、

男たちに任せてきた政治や経済が、戦争をも引き起こしてきた。だから、今度は女たちも、男ばかりに任せず、政治や経済を学ばねばならない。しかし、それは、新しいテクノロジーに飛びついて、なんでもかんでも効率化するような政治・経済ではない。大事なことをムダとしてはぶいてしまわないような政治や経済であってほしい。大事なことを大事にしていれば、速度は当然、鈍る。女性の政治、女性の経済は、台所と、鍋や釜や火とつながっている。過去に生きた母たち、そしてその思いとつながっている。だからスローなのである。

第8章

答えは足もとの土にある

自然のなかの人間

本章のテーマは希望である。とはいえ、それを語るにはつらい話から始めないといけない。脳性マヒの友人がぼくに思い出させてくれたように、希望という字は、「まれなのぞみ」と書く。暗さのなかでこそ、ろうそくの火は輝くのだ。

環境問題の現状はあまりにも悲惨だ。人間が引き起こした自然破壊が、人類の存続そのものを脅かすまでになった。ぼくが、環境運動家の自覚とともに活動しはじめてから三十余年、自分がやってきたことはすべてムダだったのではないか、という思いに囚われることはなかった、と言ったら嘘になる。どれだけ多くの人が、徒労感に圧倒されて活動を断念していったことだろう。しかし、ぼくはなんとかこれまで、絶望に屈することなく、希望を手放さずにすんだ。そんなぼくに楽観主義者というレッテルが貼られてもかまわない。悲観主義者よりずっとマシだ。

本章でぼくが言いたいのは、要するにこういうこと。ぼくたち人類を絶望的な窮地に追いこんだ要因は、自分たちもその一部である自然をただのモノと見なし、役に立つものと役に立たないムダなものとに分けるような態度だ。そのあげくに、ぼくたち人間は自然界にとっての厄介者、つまりできればないほうがいい、ムダな存在に成り果てている。

では希望はどこにあるのか。それは自然である。自然こそがいつだって、いつまでも、希望なのだ。そしてぼくたち人間もその一部なのだ。自然にはムダがない。だから、自然の一部である人間が、ムダな存在であるはずはない。

動物行動科学や環境運動の長老的存在として広く尊敬を集めるジェーン・グドールは『希望の教室』の冒頭でこう言っている。

〈おそらく、私が最もよく聞かれる質問はこれです。「この世界には、そしてわたしたちの子どもや孫の将来には、まだ希望があると本気で信じているのですか?」答えはイエスです。心からそう言えます〉

グドールは、楽観と希望の違いをこう説明する。楽観主義者は「大丈夫だ」と考え、悲観主義者は「うまくいきっこない」と考える。「それに対して希望とは、自分にできることを全部やって、うまくいくようにしようとする強い決意よ」と。彼女によれば、希望とは「育んでいける」ものであり、「一生の間に変わりうる」もの。とはいえ、楽観的であることにもメリットはある。

〈もちろん、楽観的な人のほうがずっと希望はいだきやすいでしょう。だって、水が半分入ったグラスを見て、もう半分しかないとは考えず、まだ半分あると思うんですもの!〉

そうだ、希望は育んでいけるのだ。グドールはいかにして希望を育んできたのか。次の言葉に、それを理解するヒントがある。

〈わたしたちが住んでいるこのすばらしい世界に驚きを覚えると同時に、畏敬の念をいだいているの。そうは言っても、この世界について学び終える前に、自分たちの手で破壊してしまっているけれど。人間は、自分が自然よりも聡明だと思っている。でも、そんなことはない。たしかに

人間の知力はすばらしい。けど、もっと謙虚になって、自然界にははるかに優れた知能が存在することも認めなくちゃ〉

グドールは科学者と呼ばれるより、ナチュラリスト（自然主義者）と呼ばれるのを好む。自然の偉大な力を信じるナチュラリストとしての彼女は、読者にこう呼びかける。「自然には並外れた回復力がある」ということを信じて。そして、こうささやきかける。「自然も人間が動きだすのを待っている」のよ、と。

土が生命の循環を司る

気候変動と並ぶ重大な危機のひとつといわれているのが土壌喪失だ。土壌が急速に失われつつあるといっても、ピンとこない人が多いかもしれない。そのこと自体――つまり、ぼくたちがあまりに土のことを知らなすぎること、いやそもそも、土に何の関心もないこと――が、危機なのだ。最低限の必要条件を表す、「ボトムライン」という英語がある。たとえば、「生存のボトムライン」といえば、それがなければ生存そのものが成り立たないという根本的な条件のことだ。古代ギリシャの賢人たちは世界を成り立たせている四つの元素として、空気、水、土、火を挙げ、それらがわれら人間の生存のためのボトムラインであり、神聖なものだということを示した。そして、いまでいうエコロジーを、現代的な科学の言葉ではないにしても、神話的想像力を駆使して、語り合い、探究したのだ。

空気、水、土、火のことなど、いまでは小学生だって知っている、とあなたは思うかもしれない。しかし、本当にそうだろうか。空気について、水について、土について、火について、ぼくたちはどれほどのことを知っているだろうか。ましてや、「それらなしには生きられない」ということの意味を、どれだけ理解しているだろうか。

近代化に伴って、環境問題やエネルギー問題が深刻度を増すにつれ、四つのボトムラインのうち、空気、水、火については、話題にのぼることも少なくない。しかし、土についての言及や関心は、近代化と反比例するように減りつづける一方だった。そしていまでは、多くの人にとって、土は生存の基本要素どころか、何の価値もないムダなものになり下がっているように見える。都市化や近代化の結果、世界の人口の半分以上が、日本では人口の９割が都市部に住むといわれる現在、人間が土からますます隔てられていることを思えば、当然のことかもしれない。

現代の英語では、土を意味する「ダート」の形容詞「ダーティ」は「汚い」、「不潔」、「けがらわしい」などを意味する。日本語でも、「土人」、「土着民」「土百姓」などの言葉で、「土」は否定的な意味を担わされている。この否定性は、単に近代化の結果ではなく、より深いところに根ざしているにちがいない。「糞土」という言葉があるように、土は排泄物を連想させる。また、土は地下という異界に通じている。そこは、光に対する闇のエリアであり、死者の葬られる場所であり、さらに冥界や地獄へと続く未知の領域だ。

とはいえ、大昔の人々は、地上を生＝善として地下を死＝悪とするような、否定と肯定の安易な二元論をとったわけではない。ギリシア神話でも、地下の世界は死者たちの黄泉《よみ》のくにであると同時に、いのちの蘇生の舞台でもあった。この世界のすべてのものを生み出した偉大な大地の女神ガイアの孫のひとり、女神デーメーテールは、ガイアの役割を引き継いで、植物を育てる肥沃な土の力や、そこから生まれる豊かな実りを司った。この土の神、農耕の神についてはこんな物語が残されている。

ある日、デーメーテールの娘ペルセポネーが野原で花を集めているとき、冥界の王ハーデースに連れ去られてしまう。デーメーテールは怒りと悲しみのうちに行方不明になった娘を世界中探しまわる。地上にあるすべてのものの成長は止まってしまった。デーメーテールはついに居場所を突き止め、神々の王ゼウスに抗議する。しまいに、ハーデースはペルセポネーを返すことに同意し、地上に再び植物の実りが訪れた。だが、ずるがしこいハーデースは、お別れの贈り物として冥界のザクロの実を差し出し、ペルセポネーはそのいく粒かを食べてしまう。彼女は知らなかったのだが、神々のあいだには、「黄泉の国の食べものを少しでも口にしたら、永遠にそこにいつづけなくてはいけない」という決まりがあったのだ。

その結果、地上に戻ったペルセポネーは、毎年ある時期に冥界に戻り、食べたザクロのいく粒か分だけ、そこに止まらねばならなくなった。でも、春になるとまた地上の世界に戻り、大地に新しいいのちを与えた。

こうして季節というものが始まったという。そしてそれは同時に、死と再生をくり返すいのちの循環のはじまりでもあった。

ギリシア神話はぼくたちに教えている。地下とは、死者が還る場所であると同時に、いのちや成長をこの世にもたらす源でもあるという両義性をもっていること。そして死と生は対立するものではなく、むしろサイクルの輪のうちで融合しているのだということを。

知られざる微生物の世界

ギリシア人ばかりではない。ほとんどの農耕社会において、豊かな土壌は女神の姿で神格化、擬人化された。エジプト人はソプデトを、ローマ人はケレスを崇拝した。地質学者デイビッド・モントゴメリーは言う。

〈凶作は気まぐれな神の怒りの代償だった。数千年間、人間は、みずからの生命が土と結びついていることを認識してきた。聖書にあるイブとアダムの物語も、生命と土が二者統一体であることを詩的に認めている。イブの名は生命を意味するハバに由来し、アダムは土を意味するアダマーに由来する〉

モントゴメリーは著書『土・牛・微生物──文明の衰退を食い止める土の話』の冒頭に、３５００年前のこんな言葉を掲げている。

〈この一握りの土に、われらの生存はかかっている。大事に使えば、食べ物と、燃料と、すみかをもたらし、われらを美で取り巻く。粗末に扱えば、土は崩れて死に、人も道連れとなる〉（サ

ンスクリット語の聖典ベーダより）

土壌といのちの一体性についての、何千年にもわたるこうした洞察にもかかわらず、土壌が恵みをもたらすメカニズムが科学的に解明されはじめたのは、ごく最近のことである。かつては神聖なものとされ、しかしその後長いあいだ軽視され、蔑視さえされてきた土が、そして地下の世界が、いま、再び脚光を浴びている。

モントゴメリーの著書『土と内臓――微生物がつくる世界』の原題、*The Hidden Half of Nature* は、「隠された自然の半分」を意味する。つまり、ぼくたちがこれまで「自然」と呼んできたのは、実際の自然界の半分にすぎない、というわけだ。では、残りの半分とは何か。モントゴメリーによれば、それは微生物が主人公として活躍する世界であり、死と再生の舞台である地下世界である。

生物の多様性こそが、人類を含む生物全体の現在と未来を支えているといわれ、急速に進行するその多様性の喪失の危機が語られる。そしてよく、その危機を象徴するものとして、シロクマやサイなどのイメージが使われる。しかし、よく知られていないのは、その生物多様性を構成している生物種の大部分が微生物だということである。そしてその微生物の多くはまだ発見すらされていない。

微生物は古細菌、細菌、菌類、原生生物、ウイルス（生物とは見なされていない）の五つに分類される。微生物においては動植物における「種」の概念がそのまま当てはまるわけではなく、微生物の種の数についての生物学者たちの推定にも、数百万から数億種と幅がある。どちらにしても、土に、大気に、海に存在する微生物の総数は、〝無数〟といっていい。

しかし、微生物が「隠されている」というのは単にその存在が知られていないということではない。18世紀に発見されて以来、微生物は顕微鏡の進化とともに、続々とその姿を人間の前に現してきた。にもかかわらず、未だにほとんどの人から隠されている事実がある。それは、微生物のおかげで世界はいまの世界となったのであり、ぼくやあなたを含むすべての動植物は、微生物の支えなしには生きられない、ということだ。モントゴメリーによれば、「微生物の共生がありふれたものであり、不可欠なものでもあることを認識することは、自分と自然の隠れた半分との関係の見方を作り直すことだ」。

その微生物たちが主人公として活躍する舞台が、もうひとつの意味での「隠された自然の半分」、つまり、土とその地下世界だ。「一握りのよく肥えた土の中には、アフリカ、中国、インドに住む人間の合計より多くの細菌」がいて、土中に空気や水分を混ぜ合わせたり、ほかの微生物や植物たちと必要なものを供給し合ったりして、土を豊かにするために忙しく働く。

土における微生物の働きについて、モントゴメリーは『土と内臓』でこう要約している。「陸上生物の歴史を通じて、微生物は木の葉、枝、骨など地球上のありとあらゆる有機物をくり返し分解し、死せるものから新しい生命を創りだしてきた」と。彼は、土壌や人間の体内に住む細菌の大多数がいかに有益であるばかりか、不可欠な存在であるかを論じる。にもかかわらず、「隠された自然の半分との私たちの関わり方は、その有益な面を理解して伸ばすのではなく、殺すことを基準としたままだ」と彼は嘆く。農業や医療を中心に、1世紀にわたって微生物との戦いをくり広げることによって、人間は「知らず知らずのうちに自分たちの足元を大きく掘り崩してしまった」と。

経済のために農業は犠牲にしてもかまわない？

日本は世界でも有数の大都市集中型の社会だ。ほとんどの人々はすでに土から遠く隔てられている。からだのどこかに泥をつけて帰った子どもを見て、親は大騒ぎをする。その親が土に触れるのも、せいぜい通販で買った園芸用土をプランターに入れるときくらい。ぼくの家の周りでも土は消えつつある。庭はどんどんコンクリートや防草シートで覆われていく。近くの駐車場では、誰かが人目を忍んで土が露出した部分に除草剤をかけに来る。いまやぼくにとって、わずかに残る空き地の雑草がオアシスのようだ。

防草シートと除草剤、殺虫剤と防虫スプレー、殺菌、防カビ、防ダニ、防臭、防塵……。コロナ禍で、マスクやワクチンでウイルスと戦争をしてきたつもりの日本人はますます自然界から身を引き離そうとしているようだ。いや、動物園、水族館、植物園の生きものとペットを除く自然を、何の役にも立たないムダなものとして、意識の向こう側へと追いやろうとしているのかもしれない。

日本はまた大都市を優遇し、農村が疲弊するにまかせてきた社会としても、世界で突出している。人々の意識も農業をはじめとした第1次産業から引き離されて、自分たちが口にするものが、いったいどこからどのようにやってきたものか、ほとんどの人は知らないし、知ろうともしない。

日本の農山村には耕作放棄地と廃屋の目立つ寂しい風景が広がっている。1960年には80％近くあった食料の自給率は、いまやわずか37％、残りは多大なエネルギーと金を使ってわざわざ海外から輸入している。しかも食料の少なくとも3分の1以上を食べずにムダにしているというから、もったいない話だ。家畜用飼料もそのほとんどが輸入で、しかもその輸入飼料を11キロ使って、1キロの牛肉をつくっているという。そもそも、日本を含むいわゆる先進国の化学的・工業的農業では、1カロリーのエネルギーを得るのに、10カロリーのエネルギーを投入しているそうだ。これまたなんというムダだろう。

日本のGDPのうち第1次産業が占める割合はわずか1・2％。10年ほど前に、TPP（「環太平洋パートナーシップ協定」という名の自由貿易協定）を進めようとする政府に対して、農業への打撃を懸念する声が高まったとき、閣僚経験もある政治家はこうのたまったものだ。経済全体のなかでそれっぽっちの意味しかもたない農業など犠牲にしてでも、TPPによる経済成長をとるべきだ、と。こうした政治家たちにとっての関心は、ムダの多い食のグローバル・システムを是正することにではなく、地域の農業そのものをムダなものとして切り捨てることにある。

コロナ禍やロシアによるウクライナ侵攻といった危機が訪れると、食料安全保障の問題を意識せざるをえなくなってくる。しかし考えてみれば、この食料という根本的な問題をふだんあまり意識せずに、まるでそんな問題など存在しないかのように、政治も経済も進められていることこそが異常なのだ。日本は豊かな金持ちの国だとみんな信じているようだが、そのお金で食料が買えなくなったら、どうするつもりなのだろう。

アメリカの先住民にこんなことわざがある。

「最後の木を伐り、最後の魚を獲り、最後の川を汚染したとき、やっとそのときに人は気づくだろう。お金は食べられない、ということに」

「耕すというムダ」をやめて自然にまかせる

しかし、農業の暗い現実の反面に目を転じれば、そこには、新しい物語が姿を現しつつある。太陽エネルギーを取り入れる植物と、栄養を取り出しリサイクルする微生物との協力の物語だ。それはまるでギリシャ神話が新しい時代の神話となって蘇ったかのようだ。

そもそも、4億5000万年ほど前に登場した最初の陸上植物には、はじめから、菌根菌（植物の根につながる菌類）というパートナーがいた。というより、菌根菌のおかげで、植物は植物となったのである。以来、この共生関係は脈々といまに続いている。それを明らかにしてくれた近年の土壌学の目覚ましい進展にともなって、多くの人々を長年支配してきた農業の常識も覆されつつある。その従来の常識とは、ひとつの商品作物だけを広い面積で栽培する単一栽培、高度に機械化された少人数による工業的な農地経営、化学肥料と農薬に支えられた化学的農法などである。そして、これらの前提として、ほとんどの農民が長いあいだ信じてきた、「土は耕すもの」という常識があった。実際に、専門家にさえ、「耕せば耕すほどいい」と、まるで宗教のように信じこんでいる人が多いのだ。

「自然農」で知られる農民思想家、川口由一《かわぐちよしかず》から話を聞くために、奈良県の自宅と田畑をぼくが最初に訪れたのはもう30年近く前の話だ。自然農の原則のひとつである「不耕起」について、のちに彼はこう語ってくれた。

〈一度耕すと耕さざるを得なくなります。耕せば収量を一時的に上げることもできます。耕すことによって、草を制することができ、他の草に養分を吸われないことにもつながります。でも、一度耕すと、時の流れとともに土が硬くなって、作物の根に空気が届かず、育ちが悪くなる。あるいは種を蒔くのに、苗を植えるのに、作業ができないゆえに、耕し続けなければなりません。耕さなければ、土は硬くしまらず、フカフカであり続けます。耕すことによって、大きな無駄、限りなき不経済をし、本来あずかれる恩恵を自らの手で捨ててしまいます〉（『自然農という生き方――いのちの道を、たんたんと』）

自然を制御しようとして、かえって自然本来の営みを壊し、結局は、自分たち自身の生存の土台を損なってしまうのだ。ではどうすればいいか。川口は言う。

〈我慢して耕さないことです。そうすれば、またいのちの舞台は復活します。(中略) 何もしなければ (中略) 年々いのちがよみがえってくる〉

問題は土ではなく、人間の営みのほうにこそある。ムダなのは、耕起し、化学肥料や農薬を投じるという人為のほうだった。そして答えはいつも自然の営みのなかにこそある。こうした考えのもとに福岡正信《ふくおかまさのぶ》は「自然農法」を確立し、川口は「自然農」を確立した。当初は世間から異端として孤立を余儀なくされた彼らの農的思想は、しかし、ゆっくりと着実に引き継がれ、いまでは日本各地に根づいている。そして海外でも、世界中あちこちの農民たちが、それぞれの道筋をへて、「耕起」「化学製品の投与」「大規模化」「単一栽培」などといった従来の常識から自らを解放しつつある。そしてその勢いは増すばかりだ。これはどうやら、深刻な危機の時代に生きているぼくたちがいま手にし得る、最良のニュースのひとつらしいのだ。

土を、農業を、地球を蘇らせる「リジェネラティブ」

モントゴメリーの『土・牛・微生物——文明の衰退を食い止める土の話』という著書の原題は *Growing a Revolution* (革命を栽培する)。その革命がいま、実際に起きつつある、と彼は考えている。その名は「土壌の健康の革命」。

〈この革命を主導する、野心的で現実的な農家のやり方の根底にある原理は、あらゆる農場、大規模なものにも小規模なものにも、ハイテクなものにもローテクなものにも、慣行〔農業〕の場合にも有機の場合にも有効だ。そして土壌の健康に重点を置くことで、希望は見えてくる。土についての考え方――とその扱い――を変えれば、世界に食糧を供給し、地球温暖化を防ぎ、土地に生命を取り戻す簡単で費用効果の高い手段が得られるのだ（※〔　〕は著者注）〉

モントゴメリーのこの本にも、またドキュメンタリー映画『キス・ザ・グラウンド　大地が救う地球の未来』にも登場するのが、この革命を先頭で引っ張っていると自他ともに認めるアメリカ、サウスダコタ州の農民ゲイブ・ブラウンだ。彼の著書『土を育てる――自然をよみがえらせる土壌革命』の原題は *Dirt to Soil*（泥から土へ）。そこには、不要で汚らしいものというこれまでの土の否定的なイメージから、命の世界を育み、更新しつづける世界の「土台」へと、イメージを一新したいという願いが込められている。

この本を読めば、「土を蘇らせる」ということが単に、収穫量の増加や安定、機器、燃料、肥料、農薬といった支出の削減を、つまり農民にとっての収益増と生活の安定を意味するばかりではないことが、よくわかる。それは、同時に、多様な植物や土壌微生物の力からなる土の生態系を回復することで、大気中の炭素や窒素を地中に取りこめるようになることを意味する。それまで表面を流れて土を押し流してきた雨水も土に浸透し、そこに長く蓄えられて、侵食に歯止めがかかる。それは、作物の生育を助けるばかりか、同時に従来型の農業によってこれまで土から大気中に放出されて、温室効果ガスの主要な原因となってきた炭素を、再び、土中に回収することにつながる。つまり、「土を蘇らせる」ことは、気候変動の抑止にも重要な意味をもっているのだ。

「革命」と呼ばれるこうした新しい農業や牧畜のやり方や考え方は、いまでは世界中に広がり、それをテーマとする本や映画が続々と登場しては、人気を博している。それらに共通する合言葉は、「リジェネラティブ」だ。リジェネラティブは、日本語ではふつう「環境再生」と訳されているが、ぼくは友人たちと相談のうえ、「大地再生」と訳すことにした。「リジェネラティブ」は、「くり返す」ことを意味する「リ（re）」と「生み出す」を意味する「ジェネ（gene）」が合体して、生命が自らを更新しつづける生命の営みを表している。農業のみならず、さまざまな分野にこの言葉を冠する一大ムーブメントがいま、世界に起こりつつあるのだ。

『ドローダウン——地球温暖化を逆転させる100の方法』や『リジェネレーション——気候危機を今の世代で終わらせる』などの著書で知られ、『キス・ザ・グラウンド』にも出演しているポール・ホーケンによれば、気候問題への対策として、単に炭素の排出量を減らしてゼロにするだけでは十分ではない。すでに土から放たれて気候変動を引き起こしてきたと考えられる炭素は、このままでは今後も長いあいだ大気中に留まることになる。とすれば、その炭素をもとあった場所である土の中へと引き戻す（ドローダウンする）必要がある。

そのために必要なのはハイテクでも大がかりな装置でもない。映画『キス・ザ・グラウンド』のナレーターでもある俳優ウディ・ハレルソンは視聴者にこう語りかける。「大気中の炭素を減らす手段は大昔からずっと存在していた」。「植物と土壌微生物に炭素を吸収して蓄えてもらう」

のだ。あまりにシンプルすぎて信じてもらえないかもしれないけど、と。出演者のひとりで『土が私たちを救う（原題：*The Soil Will Save Us: How Scientists, Farmers, and Foodies Are Healing the Soil to Save the Planet*　※未邦訳）』の著者、クリスティン・オールソンによれば、人類の活動のなかでもっとも自然を変化させてきたのは農業だ。これまで長きにわたって自然を破壊してきた農業が、しかしこれからは、自然の豊かな再生のための鍵を握っている、と彼女は信じている。

もうひとつの希望、「ローカリゼーション」

気候危機に歯止めをかけるためのもうひとつの筋道が、「ローカリゼーション」である。地域を脱してグローバルへと向かうこれまでの流れを、逆に、地域へ、ローカルへと大きく転換するのだ。

前にも触れたように、農業と食をつかさどるグローバルシステムに最大の問題があるといっていい。何がムダだといって、自由貿易の名のもとに食料を世界中、地球の反対側にまで移動するほどムダなことはない。そもそもグローバリゼーションとは、国境を越えて活動するグローバル大企業が、その意向を受けた政府によるインフラ整備、補助金、規制緩和や民営化といった優遇政策に支えられながら、つくりあげてきたシステムのことだ。国や地域の内側での地産地消型の経済は不利となり、有利になった国際貿易は、量にしていまや1950年の約40倍となった。そしてこのしくみのなかで食料の輸出入も急増した。

いまでは地域や国内で生産される食品は、地元の人々の口に入るより、輸出される割合が高くなった。経済学的にいえば、ある地域でつくったローカルな作物を同じ地域のなかで食べてしまうのは、輸出に回すより経済効果が低い、つまりムダということになるわけだ。グローバル化では、商品が移動する距離が長ければ長いほど、いい。その結果、各国が定期的にほぼ同量の同一製品を輸入し、同時に輸出することが当たり前になっている。たとえば、国際NGO「ローカル・フューチャーズ」によれば、2019年、米国は151万トンの牛肉を輸出しながら、153万トンを輸入した。2020年、ドイツは世界一のバター輸入国(8億5100万ドル)であると同時に、世界第4位のバター輸出国(6億5300万ドル)でもあった。同年、フランスは約10億ドル相当の牛肉を輸入し、一方でほぼ同じ量を輸出していた。これらは決して例外的なことではなく、食のグローバル・システムでは常識的なやり方なのである。

なんという膨大なエネルギーのムダだろう。このシステム全体で、温室効果ガス排出量の半分以上を占めているというのも当然だ。驚くべきは、この事実に、SDGsに群がる政府も企業もまったく触れようとしないことである。

希望は足もとの土壌にこそある

スウェーデンの15歳、グレタ・トゥンベリがたったひとりで、憤然と「気候のためのストライキ」に立ち上がり、世界中の大人たちに気候危機への対応を迫ったのは2018年。これに共感した若者たちのムーブメント「未来のための金曜日（Fridays for Future）」はまたたく間に世界各地に波及していった。以前の若者たちの異議申し立てとは違って、そこに集う若者たちの多くは、大人たちの世界への深い不信感や失望感を、そして世界の現状や人類の未来への絶望感を漂わせていた。そして、彼らは「自分たちが何をやってもどうせムダ」という、世界中の若者の多くが感じているはずの無力感をも抱きながら、しかし、それを振り払うようにして立ち上がったのである。

絶望しかけていた若い世代は、しかしいま、「リジェネラティブ」や「ローカリゼーション」に希望を見出しはじめている。そう思うのは、ぼくがあまりに楽観的すぎるからだろうか。

よりよい未来をまだ信じることができたぼくたち上の世代は、その未来の目標のために「いま」を手段化してきた。遠いところにばかり焦点を当てて、「ここ」を見失っていた。自分が現にそこに生きているというのに、町や村、地域などは意味を失いかけていた。いまそこに立っているというのに、足もとの土を忘れていた。ふと意識にのぼることがあっても、地域にまつわる物事はみすぼらしく、ダサい。そして土は汚らしくて、何の役にも立たない、と。

しかしじつは、そこにこそ希望があるのだということを、いま、世界中の多くの人々が発見しつつある、とぼくは感じている。遠くを見つめて絶望し、すぼんでいた心が、足もとの土や地域に希望を見出して膨らむかのようだ。

江戸時代、いまの大分県の田舎で一生を過ごした農民哲学者、三《み》浦梅園《うらばいえん》（1723〜1789）はこう言ったという。

「枯れ木に花が咲くを驚くより、生木に花が咲くを驚くべし」

季節がめぐり、生きている木にまた花が咲く、そのことこそが奇跡なのだ、と。２０２２年に故郷のベトナムで亡くなったばかりの禅僧ティク・ナット・ハン（1926〜2022）もこう言っていたそうだ。

「水の上を歩くことではなく、私たちが日々、土の上を歩いていることこそが奇跡である」

希望もまたいつも足もとにあるのだろう。ぼくたちが余計なものとして軽視したり、不要なものとして無視したり、ムダなものとして意識から遠ざけていたものにこそ。

第9章

ぼくたちは、遊ぶために生まれてきた

有用で有益な趣味とは

コロナ禍がやってきて、「不要不急」という言葉が声高に唱えられた。感染症で亡くなった人、苦しんだ人も多い。前よりも一層大きな生活上の困難を抱える人も多い。そういう方々にはちょっと申し訳ない気もするが、告白しなければならない。あの春ぼくはフルタイムの大学教員を引退し、同時に、すでにぎっしりと詰まっていたその後1年間のスケジュールすべてがキャンセルされた。一瞬砂漠のなかに立たされたような気がして呆然とした。だが、すぐに、ぼくの心を占めているのは虚しさというより、清々しさだということがわかった。

目の前の視界がひらけたのだ。これで時間ができた。これをしよう、あれをしたい……。夢想するうちに、むくむくと目新しい感情が心のなかに湧き起こってくる。しだいにその正体が見えてくる。それは、「ムダなことをする」という欲求だ。せっかく天（ウイルス？）からいただいた時間だ。役に立たないことを、誰に遠慮することもなく、堂々と、する。これまでもやりたいとどこかで感じていても、その時々の状況のなかで、より大切だと思われるものが優先されてきたせいで、心の片隅に取り残されていた雑事が、いま、こういう異常事態のなかで、姿を表すのだった。

歩くこと、韓国語の勉強、パンを焼くこと、絵、俳句、落語、ハーモニカ、古い写真や書類の整理、ご無沙汰していた友人に手紙を書くこと……。そのほかにも、他人に説明しようもないような漫然、雑然とした時空間の過ごし方の数々。

家族や親戚ともなかなか会うことのできないパンデミック時代はじめての正月に、ふと思いついて、ぼくの音楽コレクションの大半を占めるジャズのCD、LPレコード、カセットテープを、ミュージシャンの名前でABC順に片端から聴いていくことにした。一日中、ジャズでなくてもいいのだ。午前にジャズを聴いたら、午後はクラシックでもいいし、R&Bでもいい。

我ながらよくもまあ集めたものだと思う。どれだけのお金と時間と空間がそのために使われただろう。人一倍引越しが多かったぼくは、そのたびに少なからぬレコードなどを人にあげ、処分してきたが、若い頃に苦労して手に入れたレコードには愛着があって手放すことができなかった。はじめてアメリカに渡ったとき持っていった30枚ほどのレコードは、いったいどれだけの距離をぼくとともに移動したのだろう。

これが趣味かといわれたら、そうかもしれない。思えば、自分の趣味が何かと考えたことはこの歳まであまりなかった。それにしても趣味とは何だろう。趣味と仕事とはどう違うのか。他者にも有用なのが仕事で、自分以外には無用なのが趣味だろうか？　趣味が職業になるということもないわけではないが、めったにない。職業が趣味になる、ということもある。でも、はたして職業と融合してしまっても、趣味はまだ趣味なのだろうか？

カウンセリングや人生相談などで、「趣味をもつこと」が勧められるとき、趣味は有用で有益なものとしてそこにある。和歌をやっているとか、絵を描いているという人に、「いいご趣味ですね」などというのも、同様だ。趣味という言葉にぼくが感じてきたのは、自分がただ好きでやっている無用なことが、人に褒められたりするときに感じる違和感に通じる。夢中に遊んでいる子どもは、「ちゃんと遊べてえらいね」などと褒められてどう思うのだろうか?

ぼくの大好きなレコードのひとつは、シャーリー・ホーンの「レイジー・アフタヌーン」というアルバムだが、そのタイトル曲には、蟬たちが鳴く、蒸し暑く気だるい午後の情景が描かれている。何をするでもなく、ただその時空間のなかに身を浸している恋人たちは、ピンク色の雲がバラのように花開くのを見、草が伸びる音を耳にする。これは趣味ではない。褒められたことでもない。ただ怠惰《レイジー》にしている、つまり、午後のひとときをムダにしているのだ。でも、人生に大切なのはこうした不要で、不急な時の過ごし方なのではないのか。

スポーツは一種の壮大な遊び

忘れることのできない映画のひとつに、『まぼろしの市街戦』がある。ヨーロッパのある町が戦場になり、市民は避難してしまった。ふだんは外から施錠されて厳重に隔離され、管理されている精神病院からも職員たちが逃亡して、収容患者たちは取り残される。病院から空っぽの町中へとさまよい出てきた患者たちは、新天地で心ゆくまで遊ぶ自由を謳歌するのだが、やがて、広場で敵対し合う兵隊たちが銃撃戦を展開して殺し合うのを目の当たりにする。はじめは「戦争ごっこ」だと思って楽しげに見物していた患者たちは、やがて、あまりに殺気だっている兵士たちの様子にあきれ、しまいにはバタバタと血を流して倒れこんだまま いつまでも動かない兵士たちの姿に興ざめしたとでもいうように、その場を後にして、精神病院へと戻っていく。そして、門の鉄柵に内側から鍵をかける。

どこまでが遊びで、どこからが遊びでないのか。その区別はぼくたちが思っているより、ずっと難しい。それは、狂気と正気の境目が、じつは明瞭でないことにも、似ている。遊びと遊びでないものを区別できないことを、狂気と呼ぶこともある。

コロナ禍のさなか、半年のあいだにふたつのオリンピックが行われた。オリンピックは〝不要不急〟とは見なされなかったわけだ。いやそれどころか、日本では1年延期の末、感染対策にとってのリスクや、延期や中止を望む世論の存在にもかかわらず、無観客という変則的な形で、オリンピックは行われた。思えば、スポーツはもともと「ごっこ」として始まったのであり、それ以外の何かの目的のために行われるものではなかった。でも、どうだろう。国際的なスポーツの祭典といわれたオリンピックは、いまや、スポーツ好きな人々がそれ自体を楽しむという目的をはるかに超えて、巨大な経済的・政治的目標を達成するために巨大企業や国家が競い合う真剣勝負の場となった。

商業主義や国家主義がのさばる現代のオリンピックの姿に疑義を呈する霊長類学者、山極寿一《やまぎわじゅいち》の寄稿文が新聞に載ったのは、東京オリンピック開会式の数日後だった。

山極はまず、「スポーツの起源は遊び」であり、その本来の意味は「気分転換」にある、ということを思い出させてくれる。アフリカで野生のゴリラを長年研究してきた山極は、ゴリラの遊びに注目し、「遊ぶ」ということにこそ、霊長類、そしてヒトへの進化の道筋を理解するひとつの鍵があると考えてきた。彼は言う。

〈ゴリラもよく遊ぶ。取っ組み合ったり、追いかけ合ったりして、ときには短い休止を挟んで1時間以上も遊び続けることがある。互いに高いところに上って胸をたたき合う『お山の大将ごっこ』や、数頭が数珠つなぎになって歩く『電車ごっこ』に似た遊びもある〉(朝日新聞)

こうした遊びの特徴として山極が挙げるのは、「経済的な目的を持たない」こと、次に、「体の大きいほうが自分の力を抑制して小さいほうに合わせる」こと、そして、「互いに役割を交代する」ことの3点である。

第1点目の経済的な目的とは、食料を手に入れる、エネルギーを節約するといった、生存や繁殖のための利益になる目的のことだ。遊びは、しかし、そうした目的を達成するための手段ではない。平たく言えば、役に立たない、得にもならない、ムダな行為なのだ。

2番目や3番目の特徴もきわめて重要だ。からだも大きさや力の強さで、大人が幼い子どもを最初から圧倒してしまったら、「～ごっこ」は成り立たない。大人が自らを抑制して子どものほうへ、子どもが背伸びするように大人のほうへと、能力的にお互いを近づけ合うところに、遊びが成り立つ。つまり、遊びは競争と深く関わり合うものでありながら、むきだしの競争そのものではないのだ。だからこそ、役割交代というルールも成り立つ。そこには、弱肉強食という単純なイメージの対極にある、一種の民主的秩序が立ち現れているといってもいいだろう。

山極によれば、こうした遊びのルールは、「身体を同調させる楽しさを追求する中で」、自然に現れてくる。そしてそれと同じことは、人間の遊びにも踏襲されているのである。山極はさらに、「スポーツの原則もここにあるのではないだろうか」と問いかける。

〈相手に勝つことが目標ではなく、互いに立場を交代しながら競い合い、そのプロセスを楽しみ、勝ち負けにこだわらず健闘をたたえ合う。いっしょにスポーツに興じたことによって、よりいっそう信頼できる仲間となる〉

そうした本来のスポーツからみると、最近のオリンピックはどうだろう、と山極は嘆く。「観光収入や放映権をめぐって大量の札束が飛び交う」「放映権を握るアメリカのテレビ会社に配慮して（中略）酷暑の夏に開催」「メダルをいくつ取るかが国や人々の主な関心事」「選手たちは国を背負って競技に臨み、負ければ『申し訳ない』と謝る」「開催準備に多大な費用がかかり、大規模な開発が行われ（中略）森が切り開かれ、海が埋め立てられて、新しい競技施設やホテルができる」……。やれやれ。

元オリンピック選手でもある米国の政治学者、ジュールズ・ボイコフは、現代オリンピックの本質は「祝賀資本主義（セレブレーション・キャピタリズム）」にあるとして批判してきた。お祭り騒ぎを利用して、その陰で少数の関係者たちや巨大企業が開催都市や国家の大型支出によって大儲けし、そのツケを国民に押しつけるというわけだ。経済的目的をもたない遊びの本義から、なんと遠いところまでぼくたち人間は来てしまったのだろうか。『まぼろしの市街戦』の患者たちなら、もうとっくに、自分たちのお城に戻って、内から鍵をかけてしまっただろう。

山極はオリンピックについての記事をこう締めくくっていた。

〈新型コロナを体験した私たちは、スポーツの本来の意味に戻る必要がある。（中略）スポーツを経済的な目的を持たない、人間の福祉に貢献する遊びと考えれば、さまざまな交流が芽生える新しい世界が開けると思う〉

ホモ・サピエンスよりホモ・ルーデンス「遊ぶヒト」

コロナ・パンデミックがやってきてから2回目の夏に出版された『不要不急——苦境と向き合う仏教の智慧』という本を読んだ。仏教の僧侶たち10人の文章を集めたものだ。「不要不急」を避けるという国家的命題を突きつけられて、宗教そのものが、そして僧侶たる自分たちこそが不要不急の存在なのではないか、と自問してきた人たちの切実な思いに触れることができて興味深かった。

そこにも、子どもたちの遊びというテーマが取り上げられている。たとえば、天台宗の僧侶、阿純《おかじゅん》 章《しょう》は言う。

〈子どものポケットの中は目的も意味もない、大人には理解できない不要不急なものでいっぱいだ〉

子どもたちは、穴を掘ったり、花びらを集めたりする。一方、大人たちは、何のために穴を掘るのか、花びらを集めて何をしようかと考えてしまう。阿によれば、それは大人たちが何をするにも目的や意味を必要としており、「今やっていることは何かの手段にすぎず、目的に早く到達するためにはどうしたら効率よくできるか、どんな方法がいいかと策を講じ」てしまうからだ。遊んでいる子どもは、それが何かの役に立つかどうかに関係なく、ただ、いましていることに夢中になって、自足している。

〈青空の下に咲く満開の桜、子どもの笑い声（中略）今目の前には素晴らしいものがいっぱいあるのにもったいない話である。不要不急は人生を楽しむための秘訣でもあるのだ〉

曹洞宗の僧侶、南直哉《みなみじきさい》は、「要でも不要でもなく、急でも不急でもない行為があるとすれば、それは遊びであろう」と言う。その遊びが、古今東西を通じて人間にとっての重要なテーマだったのはおもしろい。南によれば、仏教では悟りの境地を「遊戯（ゆげ、ゆけ）」という言葉で表現し、荘子は人間と世界が一体化した状態をやはり、「遊」という言葉で表した。そして、20世紀にはヨハン・ホイジンガ（1872〜1945）が『ホモ・ルーデンス』を著して、「遊び」を人間の本質としてとらえることになる。

「賢いヒト」を意味するホモ・サピエンスや、「作るヒト」を意味するホモ・ファベルと同様、ホモ・ルーデンスとは「遊ぶヒト」を意味する言葉だ。それをそのままタイトルとした本のまえがきでホイジンガが言うように、「およそ人間の認識しうる底の底まで掘りさげて考えてみるならば、すべて人間の行なうことは遊びにすぎないようにみえると証明してゆく考えは、古くから行なわれていたものであった」。そして彼自身のうちでも、「人間文化は遊びのなかにおいて、遊びとして発生し、展開してきたのだ、という確信」がしだいに強まって、しまいにこの本を書くことになったのだという。

ここでは、ごく簡単にこの名著を要約しておきたい。すでに、霊長類学者の山極とともに見たように、ホイジンガもまた「生活維持のための直接的な必要を超える」という遊びの特徴に注目している。彼はまずこんな問いを立てる。

〈いったい遊びの面白さというのは何だろう？ なぜ、赤ん坊は喜びのあまりきゃっきゃっと笑うのか。なぜ、賭博師はその情熱にのめりこんでしまうのか。運動競技が何千という大観衆を熱狂に駆り立てるというのは、どうしてなのだ？〉

そして、彼はこの問いに答えるかわりに、問いそのもののなかに遊びの本質を見出すのだ。〈じつはこの迫力、人を夢中にさせる力のなかにこそ遊びの本質があり、遊びに最初から固有なあるものが秘められているのである〉

というのも、遊びは、理性的存在としてのホモ・サピエンスが「単なる理性的存在以上のものである」ことを示している。合理的な思考では、ふつう、原因と結果という因果関係で物事を説明しようとする。しかし、ホイジンガによれば、因果関係を超えたところにこそ遊びの遊びたる所以《ゆえん》がある。だから遊びは合理的説明をすり抜けるのだ。その意味で、遊びとは必要以上のもの、ホイジンガの言葉で言えば、「余計なものにすぎない」。そして、だからこそ、それはこの上なく大切なものなのである。

遊びはなぜ楽しいのか

この「余計なもの」を学校教育の中心に据えたのが、「子どもの村」と呼ばれる全国に五つの学校である。その創設者で学園長の堀真一郎《ほりしんいちろう》は、「遊びたいと思わない」子どもの増加という現象に、現代社会の危機の深刻さを見ている（『きのくに子どもの村の教育』）。なぜ、子どもが遊びたいと思わなくなると問題なのだろう？　この問いに答えるには、そもそも、「子どもはなぜ遊ぶのか」と問う必要がある、と堀は言う。子どもはなぜ我を忘れて遊びに夢中になるのか。子どもにたずねれば、ほとんどの子は「楽しいから」と答えるだろう。では、なぜ、遊びは楽しいのか？

遊びが楽しい理由として堀は、①心身の爽快感、②成長の喜び、③自由の三つを挙げて、それぞれ次のように説明する。

①「遊びに夢中になると、えもいわれぬ心地よい疲れを感じる。心ゆくまで遊んだあとのこの爽快感こそ、遊びの最も直接的な魅力といっていいかもしれない」

②「遊びの中には、適度の難しさがある。あるいは競争がある。たとえ一人遊びであったとし

ても、昨日はできなかったことが今日はできたという満足感がある。この満足感が得たくて、子どもは難しいことに挑戦する。挑戦し、その結果として『力がついた』とか『大きくなった』という実感が味わえる」

③「遊びはなんといっても自由な活動である。何から自由か。まず、第一に物理的な制約からの自由がある。小さな子どもでも、遊びの中ではスーパーマンにでも、お姫様にでもなれる。また、小さな石ころ一つがダイヤモンドになり、棒切れ一本が魔法の剣になるのだ。（中略）第二の自由は、大人からの指図や評価からの自由だ。遊びに夢中になっている時、子どもは大人の目を気にしない。遊べと命令されて遊ぶわけでもなければ、点数で評価されることもない」

遊びたいと思わない子どもはこれら三つの楽しさを知らないからだと思われる。心身の爽快感も、成長の喜びも、自由も、それを経験したことのない子どもには、不安や恐怖をかきたてるものとなっても不思議ではない。「子どもの村」学園に〝ふつうの学校〟から中途転入してくる生徒のなかには、教師からの指示がないとなかなか動けない者が多いという。教員（「子どもの村」では、「先生」ではなく、「大人」と呼ぶ）に向かって、「何をしてほしいか、言ってくればいいのに」と不満をもらす子たちもいるそうだ。

「世界一自由な学校」として知られるサマーヒル・スクールの創設者A・S・ニイルを師と仰ぐ堀は、夢中で遊んでいるときの子どもを、師の言葉を借りて「自分自身の魂の船長」と呼ぶ。一方、遊びたがらない子どもたちが増えている現象を、社会心理学者のエーリッヒ・フロムの言い方にならって、現代版の「自由からの逃走」として捉える。事態は子どもに限るまい。子どもたちから遊びという根源的な欲求を奪ってきた大人たちもまた、遊びの楽しさを忘れ、成長をあきらめ、自由を恐れて、そこから逃げてきたのではないか。そしてその魂は、船長のいない船に乗って、どこか遠いところへ押し流されているらしいのだ。

遊びという不要不急を抱きしめよう

さて、話をホイジンガに戻そう。

遊びは「生物学的にも論理的にも完全に定義することはできない」としつつも、ホイジンガはその本質を示す特徴を列挙している。そのうち、特にぼくたちにとって重要だと思われる点をいくつか挙げてみよう。ひとつは、遊びは自由な行動だ、ということ。それは身体的な欲求から行われるのでも、義務によって強いられるのでもない。遊びたくてたまらない、というときも、「遊びによって満足、楽しみが得られるというかぎりにおいて、遊びへの欲求が切実になる、というだけの話である」。

次に、遊びは日常の外側にある、ということ。「日常生活から、ある一時的な活動の領域へと踏み出していくもの」だということは、子どもでもよくわかっている。これは生活そのものではなくて、単なる遊びにすぎないという意識をもってはいても、しかしだからといって、遊びが、ふまじめで、いい加減で、くだらないものだとは限らない。それどころか、生活よりももっとまじめで、夢中になりすぎて、恍惚状態に陥ることとさえあるのだ。

「日常の外」という意識と関係して、空間的にも時間的にも、遊びにはここからここまでが遊びだという限定性がある。はじめがあり、終わりがある。その限定の内で、「プレイ」されるということも遊びの特徴だ。周囲から隔離されたその時空間は、その内側にいるものにとっては、そこにだけしかないような、浄められて、特別な力を帯びた、神聖な場となる可能性さえ秘めているのである。ホイジンガによれば、遊びの時空間のなかにいる者にとって、「遊びは秩序そのもの」だ。そして「どんなに僅かなものでも、秩序の違反は遊びをぶちこわし、遊びからその性格を奪い去って無価値なものにしてしまう」。

また、遊びが「日常の外」にあるということは、「必要や欲望の直接的満足という過程の外」にあって、日常生活に浸透している利害関係を超えているということでもある。ホイジンガが言うように、何か別の目的に仕えるのではなく、「それだけで完結している行為であり、その行為そのもののなかで満足を得ようとして行われる」のも、遊びの本質的な特徴なのである。

さて、「不要不急を避ける」ことがスローガンのようになった世界では、「自分は不要不急の存在ではないか」という不安がじわじわと広がっているように見えた。そんなとき、こうした不安にしっかり向き合うためにも、「遊び」がいよいよ重要になってきている。なぜなら、遊びは、ホイジンガが言うように、「要」や「急」で動いている日常世界の外側につくりだされる一種の聖域だからである。その本質は、「要」や「急」という言葉で表される経済的利害を超えたところに憩うことにある。

「いっそのこと要からも急からも一旦解放されてみてはどうか」と、僧侶の阿純章は提案する。不要不急を避けるのではなく、逆に不要不急を受け入れてしまおうというのだ。つまり、遊ぶのである。利害、損得、義務、責任などからなる世間の枠組みからいったん離れて、そこではムダで、無用で、不要で、役立たずだとされてきた物事を、抱きしめてみるのだ。不要不急も、ムダも、遊びの別名である。

遊びとは、ぼくたち人間にとってのもっとも根源的な故郷のような場所だ。

遊びをせんとや生まれけむ／戯れせんとや生まれけむ／遊ぶ子どもの声聞けば／我が身さえこそゆるがるれ

これは平安末期に編まれた『梁塵秘抄』にある流行歌謡のひとつだ。そう、そのとおり、ぼくたちは誰もみな遊ぶために生まれてきたのである。いい学校に行くためでも、いい給料をもらうためでも、家や車を買うためでもない。それら、数々の「〜のため」の向こう側にある遊びの世界で、のびのびとムダなときを過ごすためである。

第10章 教育とムダをめぐるコペルニクス的転回

遊びながら学び、学びながら遊ぶ

最近、『夢みる小学校』という映画が全国各地で公開され、好評を博している。このドキュメンタリー映画の中心は、前章で紹介したばかりの堀真一郎が学園長を務める、「子どもの村」という名の学校だ。長崎県から山梨県のあいだに散らばる五つの「子どもの村」の特徴を、映画パンフレットで、監督・プロデューサーのオオタヴィンはこう説明している。

〈教室に貼られた時間割に大きく書かれているのは「プロジェクト」の文字。体験学習のことで、授業の6割ほどはその時間に当てられています。衣食住をテーマにした5つのプロジェクト（大工仕事、木工、料理、衣生活、創作劇など）から、好きな活動ができる場所を自分のホームルームに選び、1年間在籍します。年齢別のクラスは存在せず、「小1」も「小6」もいっしょ。1年ごとに別のプロジェクトを選んでもいいし、6年間同じプロジェクトを選んでもかまいません（つまり、担任教師まで選んでしまうのです）〉

通常の学校と違い、国語、算数、理科、社会の主要教科は時間割のなかにない。「プロジェクト」という名の体験学習を通じて教科を横断しながら総合的に学んでいくのだ。子どもたちが問題にぶつかると、「まるで小さな科学者のようにじっくりと向き合い」、試行錯誤をくり返しながら、学びの道を切りひらいていく。「知識は与えられるのではなく子ども自身によって発見される」とオオタは言う。

映画のなかで、子どもたちが「プロジェクト」に関わっている様子は、どう見ても、義務で授業を受けている姿ではない。子どもの村の教育目標は「自由な子ども」。それを実現するための三つの基本方針があるという。ひとつ、子どもが自分で考えていろいろなことを決める「自己決定の原則」。ひとつ、一人ひとりの違いや興味が大事にされる「個性化の原則」。ひとつ、直接体験や実際生活を学習の中心とする「体験学習の原則」。

「子どもの村」小学校には、「先生」と呼ばれる人がいない。教員や職員は、「子ども」に対して単に「おとな」として区別され、それぞれ、ニックネームで呼ばれている。彼らは、「子どもたちを教え導く存在ではなく」、子どもたちとともに歩む「アドバイザー」や「お助けマン」的な存在だと、オオタは言う。

「子どもの村」には、子どもを評価する点数制のテストも、学年末の成績通知表もない。それにもかかわらず、というより、それだからこそ、「子どもの村」から一般の学校や大学に進んだ卒業生たちの学業の成績はきわめて優秀だということも知られている。じつは、ぼくもこの映画にちょっと出演して、ぼくの大学で学んだ「子どもの村」など、いわゆる「自由教育」の学校の出身者たちについて話をさせてもらった。彼らに共通していたのは、「問いをもつ」力だ。いま思えば、それは、それらの学校が重視する体験学習のなかでこそ養われた能力だったにちがいない。

彼らは遊び上手で、学び上手だった。遊ぶように学び、学ぶように遊ぶのだ。さまざまな分野の活動に幅広く参加して、大学生活を存分に謳歌した、ある「子どもの村」高等部の卒業生は、学年で最高の成績をあげて「総代」として卒業していった。

『夢みる小学校』に出演した脳科学者の茂木健一郎《もぎけんいちろう》は映画のなかでこう言っていた。学校教育では国語、算数、理科、社会の主要教科を学習させるのが大事だといわれているが、それは、「脳科学的には、あまりにも狭い学習の捉え方」だ、と。

茂木によると、脳にある1000億の神経細胞のあいだのシナプス結合が変化することが「学習」だ。子どもが好きなことに熱中して取り組んでいるときに、脳はいちばん活発に学習をしている。好きなアニメを見ることも、ゲームをすることも立派な学習だ。茂木は言う。

〈子どもはいちばん夢中になれるものが見つかっただけで、自分は世界にいていいんだと実感できる。子どもの脳にとってもっとも大切なのは、この自己肯定感なんです。その子が興味をもったことが、その子にとっての『主要教科』なのですね〉

これまで、学校教育でムダとされ、排除されてきた遊びが、じつは何より重要な学びだった、とは。長いあいだ、なんという〝ムダ〟なことをぼくたちはやってきたのだろう。

どろんこ遊びの学びとは

同じオオタヴィン監督は、前作『いただきます2　ここは発酵の楽園』で、畑を中心に保育を行う「みいず保育園」に通う子どもたちの日常を生き生きと映し出してくれた。その園長である日原瑞枝《ひはらみずえ》は、この映画のパンフレットに寄せた文章で、この保育園のようすをこんなふうに描写してくれている。園の裏にある30アールほどの畑で、園児たちは苗を植え、水やりをして、さまざまな野菜を育てている。そして毎朝、登園とともに、園児たち自身がその野菜を「収穫して、給食当番に届けるところから園の一日が始まります」。

子どもたちは野菜だけでなく、自然に生えている野草も摘んできて食べる。また、こぼれ種で育った花を摘んで、花束をつくるのも大好きだ。恐る恐る始めた泥遊びにもすぐに慣れて、園児たちは裸足で泥の中を歩きまわったり、水をかけ合ったり。土をきたないものだと思う子はいない。肌も分厚くなり、免疫力があがるのだろう、風邪も引かなくなる。

日原は言う。「子どものころは無心で遊び、楽しかったと思えれば、それで十分」、とくに、自然との一体感を経験できるような遊びは、原風景となって、その人生を支えることになるのだ、と。

〈大人になったときにも、雨が降るときの土のにおいにときめいたり、土いじりをしているとそこに自然の循環や生命力が感じられたり……。畑で感じた五感の記憶を根底にして、地球についても、同じ目線で考える大人になってくれるといいな、と思います〉

『夢みる小学校』のほうにも、畑仕事をしたり、紙すきをしたり、そばを打って調理したり、家畜の世話をしたりといった作業に打ちこむ子どもたちの姿がたくさん登場する。そこでは仕事と遊びが融合している。

学びと仕事と遊びが融合する学校

ここでひと息。学びと遊びの融合とか、仕事と遊びの融合とかと聞いて、首を傾げる人がいるかもしれない。ぼくは本書で、くり返し、「役に立つ」という言葉への警戒信号を送ってきたが、その論理に従えば、「ムダ」と「役に立つ」は対立する概念で、遊びは「ムダ」の側に、学びや仕事は「役に立つ」側に属するはずではないか、と。

しかし、これもすでに述べてきたつもりだが、ぼくは「ムダ」と「役に立つ」を対立するものと見ているわけでもないし、「役に立つ」を否定しているわけでもない。逆に、両者を対立としてみる見方こそが、問題だと考えている。「役に立つ」ことを絶対視して、一見、役に立たないように見えるものを「ムダ」として切り捨てるようなやり方に「NO！」と言っているだけだ。

教育においても、「役に立つ」ことが重要なのはもちろんだ。しかし、「役に立つ」が独裁的な権力を得て、そこから外れる「モノ」「コト」「ヒト」を排除するようになったら、どうだろう。それがまさに、試験に役立つ勉強や、就職に役立つ進学、お金儲けに役立つ授業……などが席巻しているいまの日本なのではないか。

ぼくたちにとって大事なのは、「役に立つ」という、いまでは呪文のようになってしまった言葉、そしてそういう考え方のくせを、一度手放すこと、「アンラーンする（学びをほどく）」こと、そしてまた「リラーンする（学び直す）」ことだ、とぼくは思う。

すでに触れたように、「子どもの村」の生徒たちの学力の高さは、卒業生たちが進学した先の学校で、平均をはるかに上回る成績をあげていることにも示されている。それはしかし、いい成績をあげることを目的にした教育のせいではない。むしろ成績などをまったく度外視した教育のせいだ。〝ふつうの学校〟ではムダなことと見なされていることに、たっぷり時間を費やしてきた結果なのだ。

こう言ってもいいかもしれない。何がムダで何が役に立つかは、外からの押しつけではなく、子どもたちが自分で試行錯誤しながら、判断していく。

「子どもの村」の学園長、堀真一郎は、著書『きのくに子どもの村の教育』で、こう言っている。〈子どもにとって楽しい学校とは、ラクができる学校ではない。むしろ苦労し甲斐のある大きな仕事があって、しかもそれをやり遂げられる学校、そしてその大きな仕事や活動を成し遂げて、自分自身の成長が実感できる学校なのではないだろうか〉

教育についてのこの堀の考え方は、サティシュ・クマールによるアート論と響き合う。サティシュはまず、「アーティストとは特別な人のことではなく、すべての人が特別なアーティストなのだ」という美術史家アナンダ・クーマラスワミの言葉を引用してから、狭い意味の芸術だけでなく、「技」や「術」からなる技術全般を指す、本来の広い意味での「アート」という言葉を思い出させてくれる。

〈陶器を、あるいは彫像をつくるとき、私は私自身をつくっている。土を耕しているとき、あなたはあなた自身を耕している〉（『エレガント・シンプリシティ』）

堀はこうつけ加える。

〈子どもにとって楽しい学校は、教員にとっても楽しい学校でなくてはならない。教員にとっていちばん大きな喜び、それは教材や教え方を自分や自分たちで工夫し、子どもたちと共に自分も成長する喜びであろう。世の中の教員はあまりにも忙しく、そして不自由である。そして笑顔が少ない。子どもの顔にも大人の顔にも自然に笑みがこぼれる学校、それが両者が共に成長している学校なのだ〉

自分は教員じゃないから関係ないと思っているあなた、ぜひこの文章のなかの「学校」を「家庭」に、「教員」を「親」に入れかえてみてほしい。

堀は、自由教育や体験学習の先駆者として知られる教育哲学者のジョン・デューイ（1859～1952）が提唱した「活動的な仕事（アクティブ・オキュペーションズ）」に注目している。それは、「子ども自身が好奇心や興味にかられて自発的に、体や手をつかい、感覚をフルに動員して」、衣食住を中心とする、生きていくうえでもっとも基本的なことがらに取り組むことだと、堀は説明する。そこでは、仕事と学びと遊びが融合している。

デューイによれば、さまざまな手仕事や作業を教育に取り入れることによって、学校は、将来の生活の準備をさせられるための場所であるかわりに、子どもたちがいまを生きるすみかとなり、生活の場となる。だから、子どもたちが取り組む仕事は、「一切の経済的圧力から解放されている」。デューイは言った。

〈この狭隘《きょうあい》な功利性からの解放、この人間精神の可能性にむかってすべてがうちひらかれていることこそが、学校におけるこれらの実践的活動を、芸術の友たらしめ、科学と歴史の拠点たらしめる〉（『学校と社会』）

彼の言う「狭隘な功利性」とは、ぼくが警鐘を鳴らしてきた「役に立つ」にほかならない。「ムダ」を目のかたきにするあの狭い意味の「役に立つ」だ。

デューイはこうも言っている。子どもたちは仕事を通じて、「歴史上における人類の進歩の跡をたどりうる」。園児たちによる畑仕事や、生徒たちによる家畜の世話や家づくりは、将来の職業のためのトレーニングではない。そうした経済的な功利性や目的意識から自由に、作業し、遊ぶ子どもたちのうちに、「人類の歴史的発展が要約される」のである。つまり、よき教育とは子どもたちが——そして大人たちも——身をもって人類の全歴史をたどりながら成長することなのだ。

デューイがこう論じたのは、19世紀末のことだ。日本でも、1921年には、羽仁《はに》もと子・吉《よし》一《いち》夫妻によって「自由学園」が創設され、以来、その自由教育の思想は脈々と受け継がれている。

しかし、どうだろう。大多数の学校は、いまだに「将来の生活の準備をさせられる場所」であり、「経済的圧力」や「功利性」のもとにつなぎ止められているではないか。

どろんこ遊びや焚き火から、畑仕事、縫い物、家づくりまで……。人生を基底で支えてくれるはずのこうした根源的な経験をムダなものとして、子どもたちから奪ってきてしまったのだとすると、これまたなんとムダな、もったいないことをしてきたのだろう。

いや、もったいないのはそればかりではない。大人であるぼくたちは、大人になってからもずっと、経済功利性という檻の中に自らを閉じこめて、仕事というものが本来もっているはずの喜びや深遠な意味から遠いところで生きてきてしまったのだ。これがムダでなくて何だろう。

子どもたちを真ん中にした社会を育てる

アフリカのことわざに「ひとりの子どもを育てるのにはひとつの村が要る」というのがある。ひとりの子どものためにひとつの村とは、一見、ひどく非効率に見える。でもこれは人類学的に見れば、当たり前のことだ。伝統的な社会のほとんどで、子どもたちは、親にというよりは、コミュニティ全体に育てられたのである。西洋化や近代化のなかで、しだいに、子どもは家族によって育てる、という通念が広まった。両親が子どもを育てるという核家族が一般的になったのは、つい最近のことだ。

一方、冷戦時代の東欧の独裁者たちのなかには、家族といった小さな単位で子どもたちを育てるなどということが、あまりに非効率だと考えた者たちがいたようで、子どもたちを集団として収容所に押しこめてしまった。例えば、チャウシェスク独裁政権下のルーマニアでは、経済発展には人口増加が不可欠だと、避妊と中絶を制限したが、今度は、忙しく働いているために子育てができない親たちが続出、そこで子どもたちをまとめて育てる収容所がつくられたと推測される。独裁政権崩壊後、国際的な調査団がこの子ども収容所の実態について調査をした結果、異常な割合の子どもたちが収容中に死亡していたことが判明した。しかし、当初予想されたように、死因は栄養失調でも、暴力でも、寒さでもなかった。結局、学際的な研究が行き着いたのは、愛情の欠如による免疫力の低下、という結論だったという。

背筋が寒くなるような話だが、はたしてこれは、ぼくたちの社会と無縁な話なのだろうか。社会全体の思考が、子どもたちの数をどうやって増やすか、増えた子どもを働く親の負担にならないように、どこに収容し、どのように効率的に育てるか、という方向に傾いてしまっているのではないか。そうだとすると、あの独裁者たちの発想からかけ離れているわけではなさそうだ。

かつては世界中どこでも、子どもたちは「村」で育った。「村」は人類の故郷であり、人間は「村」によって、人間となったのだ。人間存在にとってそれほど本質的な「村」は、しかし、世界中で衰えつづけている。近代化の波に乗って、いまでは、国全体がすっかり都会化した日本では、「村」という言葉は死語となりかけている。これは大いなる危機ではないのだろうか？　しかし、心配はいらない、とあなたは言うかもしれない。いまでは、「村」のかわりに、「学校」で子どもたちは育つのだから、と。

しかし、学校が「村」のかわりになるだろうか？　答えはたぶんこうだ。学校が「村」のかわりになるとすれば、それは、学校が収容所のような場所ではなく、学校が「村」のような場所である場合だ、と。

あれはインドのラダックで行われた「しあわせの経済」という国際会議の場だった。ぼくは、教育の場を都会から村落へと移すことによって、めざましい成果をあげているという、インドの若い教育者たちによる報告に耳を傾けていた。その後の討論で、では、都市化が進んで村がほとんど残っていない日本のような〝先進国〟では、どうしたらいいか、という話になった。そのとき、ある人がインド人らしいウィットをきかせて、「じゃあ、あのアフリカのことわざをひっくり返せばいい」と言った。It takes children to raise a village. つまり、村を育てるには子どもたちが必要、というわけだ。その瞬間、そこにいたすべての参加者のそれまで少し曇っていた顔が明るく輝いたように見えた。

『学校と社会』で、デューイはこうも言っていた。

〈いまやわれわれの教育に到来しつつある変革は、重力の中心の移動である。それはコペルニクスによって天体の中心が地球から太陽に移されたときと同様の変革であり革命である。このたびは子どもが太陽となり、その周囲を教育の諸々のいとなみが回転する。子どもが中心であり、この中心のまわりに諸々のいとなみが組織される〉

そうだ。これから、経済や政治から教育まで、すべての物事の真ん中に子どもたちを置くことにしたらいい。そこで、子どもたちは、「有益・無益」「役に立つ、立たない」の二元論という功利主義の罠から自由に、おおらかに生きることができる。するとそんな子どもたちの周囲に、新しいコミュニティが、そして、人間にまつわるすべてのよきものが蘇ってくる。それは大人たちにとっても、学び直しのためのよき学校となるだろう。

子どもを設計する現代社会

競争主義と能力主義が幅を利かせる社会を厳しく批判してきた思想家のマイケル・サンデルは、現代の子どもたちが置かれた状況についても警鐘を鳴らしている。遺伝子操作などのハイテク医療技術を倫理的に問い直そうとした著書『完全な人間を目指さなくてもよい理由――遺伝子操作とエンハンスメントの倫理』で、サンデルは、子どもをまるで工業製品のように、設計したり、改良したり、生産したりするモノと見なす傾向が、社会にじわじわと広がっているさまを報告している。

例えば、生命倫理学者ジュリアン・サヴァレスキュは、子どもの健康について、こう主張する。健康とは、それ自体に価値があるわけではなく、「われわれがしたいと思うことをするのを助けてくれる」、「道具」であり、「資源」であるにすぎない。だとすれば、親には自分の子どもの健康を増進する義務があるだけではなく、「自分の子どもを遺伝子改造する道徳的義務も課されている」。

サヴァレスキュの議論を、サンデルはこう要約する。

〈子どもに「最高の人生への最高の機会」を与えられるよう、親はテクノロジーを用いて子どもの「記憶力、気質、忍耐力、共感能力、ユーモアセンス、前向きな考え方」等の性質を操作すべきなのである〉

サンデルが指摘するように、こうした健康観のすぐそばには、危険な優生主義の姿がちらついている。実際、1920年代のアメリカでは、当時、高い人気を誇っていた優生学の支持者たちが、州の農畜産物品評会で健康コンテストを開催、「最優秀健康家族」を選んで表彰していた。他人事ではない。ぼくが子どもの頃の日本でも、「健康優良児」を選んでは表彰していた。各学校が推薦したのは、身長、体重ともに平均以上で、学習と運動能力ともに優れ、性格明朗な小学6年生の男女1名ずつ。個人表彰は1978年まで、学校表彰は96年まで続けられていたというのだから、あきれる。

「優良な子ども」を育てる義務という考え方は、親たちを子どもに対する過度の干渉へと導く。かつて、「教育ママ」という言葉を産んだ日本や、それに続き追い越したらしい韓国が、異常なほどの教育熱で世界を驚かせていたものだが、最近のアメリカでも、進学をめぐる競争が激化しつづけているようだ。サンデルは報告する。

〈今日では、親は大学への進学を希望する子どものために、SAT対策の講習や家庭教師、参考書、パソコンソフトなどに大金を費やしており、そのおかげで受験業界は二十五億ドル産業にまで成長した。例えば、受験業界を牽引するカプラン社は、一九九二年から二〇〇一年にかけて総収益の二二五％増を記録している。（中略）時給最高五百ドルも支払えば、専属の大学受験カウンセラーが苛烈な入学応募手続の切り抜け方を生徒に指導してくれる〉

ＳＡＴというのは、大学進学のための共通試験だ。

ここには、新自由主義経済が世界中で引き起こした競争主義と能力主義の激化、そしてその原因であり、結果でもある格差のとめどない拡大が、見事に表現されている。

いのちは「贈られもの」

サンデルによれば、こうした教育への傾倒には、子どもの生に対する「支配や統制の、気がかりなほどの過剰さ」が表れている。

〈子どもを贈られもの（gift）として理解するということは、子どもをそのあるがままに受けとめるということであり、われわれによる設計の対象、意志の産物、野心のための道具として受け入れることではない〉

しかしいま、子どもというものが「贈られもの」であるというその感覚が失われつつあるのではないか、と彼は危惧するのだ。

子どもだけではない。そもそも、私たちの生命はどれもみな「贈られもの」なのだ。この「被贈与性（ギフティッドネス）」の感覚こそが、倫理の、そして宗教の土台だ、とサンデルは考える。

〈われわれが自分の子どもを選ぶということはない。（中略）だからこそ、子どもの親であることは、他のどのような人間関係よりも、神学者ウィリアム・F・メイの言う「招かれざるものへの寛大さ」（openness to the unbidden）を教えてくれるのである〉

そしてその寛大さが衰えたところに、「優生学の不穏な足音が忍び寄ってくる」のだ、とサンデルは言う。

〈いつの日か、われわれは認識するようになるだろう。自分たちの血を後世へと受け継ぐのは、優れた部類に属する善良な市民にとって至高かつ不可避の義務であるということを。そして、劣った部類に属する市民を長々とのさばらせておいてはならないということを〉

これは、アメリカの第26代大統領で1906年にノーベル平和賞を受賞したセオドア・ルーズベルト（1858〜1919）の言葉だ。

〈適者からより多くの子どもを、不適者からより少ない子どもを――これが産児制限の主たる目的である〉

これは産児制限運動家で、フェミニズムの先駆者として知られるマーガレット・サンガー（1879〜1966）の言葉だ。

おそらくぼくたちは、自分で思っているよりは、優生主義に近いところに立っているのではないだろうか。優生主義の根っこには、「ムダをはぶく」という功利主義がある。子どもについて、教育について考えるなら、まずは、自分のなかに息づいている「役に立つ」という一見、当たり前の発想を疑ってみることだろう。

「役に立つ」から自由である経験が、子どもたちの幸せな人生にとっての揺るぎない土台となるのではないか。そんな経験を大いにさせてあげたい。そんな思いが詰まった学校に行かせたい。いや、そんな「ムダ」だらけの学校をどんどんつくろうよ。だって、生きているだけで十分なんだから。あとはおまけ。

教育は「詰めこむ」ではなく「引き出す」

第3章ですでに書いたことをくり返そう。ぼくたちは「すること（ドゥーイング）」にのめりこみすぎて、肝心の「いること（ビーイング）」をおろそかにしてきたので、いまではもう、〝ヒューマン・ビーイング（人間）〟ではなくなって、〝ヒューマン・ドゥーイング（人間以下？）〟になり下がっている、と。本来なら、「いる」だけでよかったのだ。そしてあれをする、これができるなどはおまけのようなもの。ましてや、それが役に立つとか、立たないとかは、おまけ以外のなにものでもない。

本章の最初に言っておくべきだったかもしれないが、スクール（学校）という英語は、ギリシャ語の「スコーレ」に由来する。そしてその「スコーレ」とは、もともと「余暇」や「自由時間」を意味していた。そこから、「哲学」という意味が、さらにそれを学ぶ「学校」、という意味が派生していったという。

現代の学校には、授業の合間に休み時間とか、自由時間とかがとってある。しかし、これはとても妙なことなのだ。本来は、学校そのものが余暇であり、義務やら責務やらに縛られない自由時間だったのだから。つまり、学校とはもともとサボる場所、時間をムダにする場所だったのだ。とはいえ、現代から見れば、自由な時間や余暇を意味する言葉が、どのように教育の場としての学校を意味するようになったのか、不思議な感じがしないでもない。ぼくは素直に、学びと自由とが切っても切れない関係にあるから、と考える。自由でない学びは学びではない。それは前章でみたように、自由でない遊びが遊びでないのと同じこと。学びと遊びとは、自由を共通項とするきょうだい同士なのだ。

これは学校に限ったことではない。「自由時間」とは、誰にも急かされず、自分のペースで、やりたいことをやる時間だ。その多くを奪われて、残るは「不自由時間」ばかり、というのが現代人の状況だ。一方、牢獄という檻の中に閉じ込められている囚人の苦しみは、ぼくたちの悩みと反対に、時間が多すぎること。でもじつは、ぼくたちもまた一種の檻の中にいるのではないか。「不自由時間」という牢獄に。

もうひとつ、「教育」という言葉は英語のエデュケーションの訳語だ。この英語の語源はラテン語の「エドゥカーレ」で、その元来の意味は「内側に秘められたものを引き出す」こと。その点、現代社会の教育はどうだろう。それはまるで、空っぽの容器にどれだけたくさん詰めこめるかを競っているかのようではないか。

本書にすでに何度か登場してもらったサティシュ・クマールは、「エドゥカーレ」としての教育について、こんな言い方をしている。子どもたちを空っぽの容器と見るかわりに、内に豊かな可能性を秘めた存在として見よう。たとえば、吹けば飛ぶような一粒の種子のなかに、巨大な樹木へと成長したり、何千という実をつけ、何万という種を生み出したりする可能性が秘められている。とはいえ、ただその種がテーブルの上に置いてあるだけではダメ。大気、雨、土、そしてさまざまな生きものとの関わりを通して、それは殻をやぶって、芽を出し、育っていく。つまり、可能性が引き出されていく。教育とはそのようなものだ。

第11章

あなたは「ムダな人」ですか？

役に立つ人、立たない人

ある朝、いつものように新聞をテーブルの上に広げた途端、こんな言葉が飛びこんできて、ドキッとした。「あれも無駄、これも無駄、とやっていったら、最後はいちばん無駄な存在は自分だ、ってことにならないか？」

「折々のことば」というコラムで、この干場弓子《ほしばゆみこ》の言葉を紹介した鷲田清一《わしだきよかず》は、次のようなコメントを付している。

〈ほしいものに一直線にたどり着ける人などめったにいないと、編集者・実業家は言う。一見無駄にみえる途中が大事。そこでの思わぬ巡り合わせから道は開ける。道はむろん楽しいほうがいい。が、それは楽《らく》ということではないと。まずは何かを無駄と決めつけるその視線を揺さぶらなければ。『楽しくなければ仕事じゃない』から〉（朝日新聞）

干場が言うように、「あれもムダ、これもムダ」とやっているのは誰かって？　ぼくたちみんなだ。本書で見てきたように、あれもこれもとムダをはぶくことを合理化といい、効率化といい、能率化といい、リストラといい、最適化といい、コスパのよさといい、改善改良という。とすれば、「あれもムダ、これもムダ」こそは、現代世界の真言、お経、おまじない、でなくてなんだろう。

毎日それを職場でつぶやいていれば、あるとき、ふと「この自分自身も、もしかしたら、ムダなのではないか」と思わないほうが、おかしいのではないだろうか？　もちろん、モノやコトをムダと見なすのと、人をムダと見なすのは違うだろう。また、人をムダな人材と見なしてリストラするのと、その人の存在そのものがムダだとするのとでは大きな違いがある。しかし、そもそも、人間を人材として、モノやコトのように扱うこととそれ自体が、人を人として、かけがえのない存在として尊重するという倫理に反していることに変わりはないだろう。

ここでどうしても触れておきたい、いや触れずにおけないのは、２０１６年7月26日に起こった忌まわしい事件のことだ。その日の未明、相模原市にある障害者施設に侵入した男は、入所者19人を殺害、26人に重軽傷を負わせた。実行犯の植松聖《うえまつさとし》（現死刑囚）は当時26歳、その施設に3年以上勤務した元職員だった。逮捕後、彼はその動機について「意思疎通のとれない障害者は安楽死させるべきだ」「重度・重複障害者を養うには莫大なお金と時間が奪われる」などの自説を展開しはじめた。彼は、意思疎通のとれない障害者のことを「人の心を失った人間」という意味の「心失者」という造語で呼び、社会に負担ばかりかけて、何の役にも立たず、不幸をばらまくばかりの存在だと主張するのだった。そして、こうしたムダな存在を殺すことこそが社会のためになる、と自分が行った残虐な行為を正当化しようとした。

２０２０年3月16日の公判で死刑判決が出て、間もなく死刑が確定するまで、メディアを中心とする多くの面会希望が殺到して、植松被告は一時、スター並みの忙しさだったと伝えられる。面会者のひとり、奥田知志《おくだともし》（牧師、認定ＮＰＯ法人抱樸《ほうぼく》理事長）は30分の面会時間の最後に植松にこう尋ねたという。「あなたは、あの事件の直前、役に立つ人間だったんですか？」あなたは役に立つ命と役に立たない命とを区別しているが、では、あなたはどっちなのか、と。すると、ちょっとした沈黙があった。こういう質問を受けたことがないのかもしれない、と奥田は思った。植松は少し躊躇《ちゅうちょ》をしながら、「ぼくはあまり役に立たない人間だった」と言ったそうだ。

奥田の発言の特にこの部分にぼくは強い印象をもった。それはたぶん、植松も予期していなかった問いが、ぼくの予測をも超える問いとして、自分のほうにまで跳ね返ってきたから。さらに、ぼくの想像力を超える植松の答えもまたぼくを揺さぶった。

奥田の言葉に導かれるように、ぼくは考える。ぼくたちはみな、一歩間違えれば役立たずのムダな存在になってしまうというギリギリの境界線の上を綱渡りのように歩いているのかもしれない。しかし、「自分は生きるに値するかどうか」という問いが露わにしてしまう崖っぷちがすぐそこにあることを感じながらも、それを意識の表面にのぼらせないようにしているだけなのではないか。

植松との面会をとおして、「お前は無意味な命ではないか」と問い詰めるような社会でおびえながら生きている自分自身の姿を突きつけられているように感じたと、奥田も言っている。おびえる自分自身の姿に、しかし、植松は向き合おうとしてこなかったし、囚人となったいまも向き合おうとしない。でも、私たちは向き合わねばならない、と奥田は言うのだ。

つらさや苦しさはムダではない

同じインタビューのなかで奥田は、ある犠牲者の母親による裁判中の発言に注目している。彼女は植松被告に向かってこう言った。障害のある子どもたちは人を不幸にするとあなたは言うが、私の娘は私を不幸になんかしていない、私はその娘によって幸せな人生を送ってきたんだ、と。そしてこうつけ加えた。「でもね、つらいこともたくさんあった」

奥田によれば、「幸せだった」のあとに「つらいこともあった」という言葉が続くところが大切だ、という。

〈植松くんが非常に薄っぺらいと思ったのは、つらいことや苦しいことが、イコール不幸だと彼は単純化したわけですよ。違いますよ。人間て、いっしょに生きていったり、出会ったり、これはたとえ恋人同士であったとしても、煩わしいこともいっぱい起こるわけ。結婚はすべてバラ色でもない。いろんな人がいっしょに生きていくというのは（中略）すごく苦労もするしつらいこともあるけど、でもね、それを不幸とは言わないんだっていう価値観ですよね〉

奥田は、「きずな（絆）」には「きず（傷）」が含まれている」、という表現を好んで使う。東日本大震災以降、多用された「きずな」という言葉だが、それがはたしてどこまで、被災者が負った「きず」の痛みに寄り添い、苦難をともに抱えこむような覚悟を意味していたのだろうか。

人生にはさまざまな困難がつきものだ。障害も病気も、災害も貧困も、いつどこで降りかかるかわからない。人生における喜びや幸せと苦しさやつらさとは、切り離すことができない。幸せであるために、苦しさはジャマだからといって切り捨てることはできない。それなのに、黒か白か、楽しさか苦しさか、幸せか不幸せかという単純な二元論に、植松は——そして私たちの多くもまた——囚われていたのではないか。誰もが抱えている人生における困難を、消し去ろうとしたり、無視したり、自己責任として個々人に負わせてすませたりするかわりに、それらをともに抱えこみ、分かち合い、ともに担うような新しい社会的な価値観を打ち出すことが必要だと、奥田は訴える。

「再分配」という言葉を使って奥田は言う。国家にとって最大の役割の一つひとつが税の徴収による富の再分配だとすれば、一方、地域社会に生きる私たちが何を再分配するのかが、いま、問い直されている、と。

〈大変とか、つらいとか、傷みたいなものをどう再分配して、多くの人に分配していくかっていうこういうしくみをつくらなくちゃいけない。これをね、いまの社会は自己責任とか、身内の責任とか、すべて押しこんでしまうから、みんな潰れていくんですよ。これをどう社会化していくか。傷の社会化ですよ。そういうふうなものに、この事件以降、進んでいかない限り、植松くんひとり殺したとて、何にも変わらないですよ〉

生きていてもムダ?

多くの論者が言うように、「意味のある命」と「意味のない命」があるとか、「意味のない命」は生きていてもムダだとかいう植松流の主張に新しさはない。単純で、ある意味わかりやすく、陳腐といってもいいくらいだ。しかし、ふだんは一種のタブーとして声に出されずにいるその言葉を、誰かが平然と口に出したとたん、その単純さやわかりやすさが、一挙にエネルギーを得て、一種のオーラを発するかのようだ。事件後、ＳＮＳを通じて植松の主張が拡散すると、その残虐な行為を批判しつつも、その主張には共感や理解を示す反応が少なくなかったという。そして、そのことを知った植松はある種の興奮を感じていたらしい。

植松と14回の面会を重ねたノンフィクション作家の渡辺《わたなべ》一史《かずふみ》は、死刑判決の２日後の面会で、植松が「どこか吹っ切れたような清々しい表情をしていた」と述べている。そしてこの面会での会話で感じた戸惑いをこう記した。

「いや、記者の方たちが、皆さんわかってくださっているなと」

私はあわてた口調で、「わかってくださったとは、『意思疎通のとれない障害者は安楽死させるべきだ』という植松さんの主張を？」

「いや、同意はしないまでも、『わかるよ』と。皆さん、思ってくださってるので」

いや、それはないよと私はいいかけて、「私も含めて、みんな植松さんに対して、かなり厳しい書き方をしていると思うけど」

「それはそういうものだから。上からいわれるのかもしれないし」

「はあ」

（文春オンライン）

2018年4月、思想家の最首悟《さいしゅさとる》が植松からの手紙を受けとったのも、植松がある種の自信を膨らませていた頃だったかもしれない。植松は手紙で、メディアに紹介された殺傷事件に関する最首の発言への反論を意図したらしい。これをきっかけにしてふたりのあいだに手紙のやりとりがしばらく続き、また2度の面会も実現した。その間、植松の関心は明らかに、最首が40年にわたって重症の複合障害をもつ娘と暮らしていることに向けられていた。

植松の主張には2点あった。第1に、優生思想を教えるべき場所であるはずの大学の名誉教授である最首が、「心失者」を養いつづけていることは矛盾していておかしい。第2にその養育を妻に押しつけているのは不当である。3通目の手紙で、植松はさらに強い調子で、障害児の親として、大学の名誉教授として「できること」、「やるべきこと」があるだろうとか、「希望」とは尊厳死・安楽死を示す言葉かもしれない、などと言って最首に行動を迫った。

手紙でも面会でも、高飛車に自分の凝り固まった論理で押してくる植松に対して、最首は相手の考えを穏やかに受け止めては、こんがらがった糸をほどくように、ゆっくりと辛抱強く議論を組み立ててゆく。死刑囚は手紙が受け取れないという規則によって、残念ながら往復書簡は中断するが、最首はいまも手紙を書いて、新聞に公開しつづけている。植松が読めなくても、せめて彼に共感を示した人々が読んでくれることを期待して。

『こんなときだから　希望は胸に高鳴ってくる——あなたとわたし・わたしとあなたの関係への覚えがき』には、植松からの4通と最首からの17通が収録されている。この本を通して見えてくるのは、最首の思想を四十余年という時間をかけてゆっくりと育んできた場としての、最首夫妻と重度複合障害者の娘星子《せいこ》との暮らしである。たとえば、こんな一節がある。

〈星子と暮らす日々に右肩上がりの人生はありません。では衰えていくだけか、いいえ、命のおのずからの中動態の展開に生きる手ごたえを感じる、といいましょうか。星子の十日ぶりの便通にうきうきした雰囲気が漂う、など。そういうことが星子と母親と父親の私の三人の勢いなのです〉

　また、面会後すぐに書いた書簡でも、植松への反論を控えたまま、終わりのほうでこんなことを言っている。

〈では私はどうか。本当のところ、わからないのです。そしてわからないからわかりたい、でも一つわかるといくつもわからないことが増えているのに気づく。すると、しまいにはわからないことだらけに成りはしないか。そうです。人にはどんなにしても、決してわからないことがある。そのことが腑に落ちると、人は穏やかなやさしさに包まれるのではないか〉

人はみな「無用の用」の存在

２０２１年の年末、ぼくは20年来の念願かなって、敬愛する最首悟に会って直接話を聞くことができた。最首の口から出る言葉はどれも、「あなたの娘には生きている意味がない」「その娘を生かしているあなたは間違っている」という植松が発してきた呪文のような言葉への、穏やかだが、毅然とした返答になっている。彼は昔を振り返りながら、次のように語ってくれた。

子育て中の親に対して、よく、「将来が楽しみですね」という言葉がかけられるが、娘が失明して言葉を発しなくなった頃から、最首には娘の将来を考えられなくなった。しかし、おもしろいことに、将来がぼやけてくると、今日が浮上してくる。

最首は雑誌にもこう書いていた。

〈今日が穏やかであるようにと願ううちに今日につなぎとめられ、将来のために無理をしたり星子に何かを強制したりしなくていいと感じるのです。星子は音楽を好み、よく笑います。明日もまた、今日のように穏やかであってほしい。その『明日もまた、今日のごとく』の感覚が、家族に安堵と落ち着きをもたらしてくれます。無理に何かできるようにならなくていい、甘えてもいい。人間は頼り、頼られる存在なんです〉（『ハルメク』収録「こころのはなし」）

星子が来てくれたことで、それまで未来に向かってつんのめったように生きてきて、根なし草のように漂っていた自分の人生がつなぎ止められた気がした、と最首は言う。彼女のおかげで、

「自立した個人」という西洋的な呪縛から私は解き放たれた。そして、「私」が先にあるというのは幻想で、「あなた」が先にいて、そこでようやく「私」がいる、ということが腑に落ちたのだ、と。

たしかに自分の娘は世間の基準からいえば、何もできない存在だろう。「働かざるもの食うべからず」という考えから見れば、働けない彼女は、生きていけない。でもそれとは違う視点から見れば、彼女はかけがえのない「働き」をしている、と最首は考える。

〈でも私という人間がいるのは、星子がいるからです。相手がいて、私がいる。何もできない人を支える、そのことが私のレーゾンデートル（存在価値）であり、生きていることへの許可のように感じます。私は子どもの頃から抱えていた人恋しさが満たされました。子どもはいつか離れていくものですが、星子はずっといます〉

こうして最首は、星子という「無用の用」の存在によって、「人間は自立していなければいけない」「人間は社会にとって役立つ存在でなければいけない」という強迫観念から解放されてきた。そして、その呪縛のゆえに死刑囚となった、いまもおそらくは同じ強迫観念に囚われているひとりの青年に、そして、同じ呪縛のゆえにこの青年に共感を覚える人々に、辛抱強く、語りかけることをやめないのである。

ぼくたちの対談も終わりに近づいた頃、現代世界にパンデミックのように広がって、人類を脅かす危機となった「孤独」という問題について問うぼくに、最首はこう応えた。

「はい、それが西洋的な個人主義が行き着いた先です。でも、こう考えてみてほしい。孤独？　冗談じゃない。じつは、あなたは一刻だって孤独なんかではあり得ない。人間は誰もみな、無数のつながりのなかにあって、頼り頼られる存在なのです」

最首によれば、それはどんな相手に対してもいえる。認知症の人でも、寝たきりの人でも、健康な人にも。誰もがみな、各自の世界をもち、「あなた」として立てられる存在なのだ。誰もがそのままでよく、頼り頼られながらそこに居る。ともに生きている。いまの社会で何より大切なのは、この「ともに居る愛」だと最首は思う。

その愛は、相手の能力や職業を問いません。将来何かができるようになるとか、輝かしい未来も必要としません。言葉も要りません。ただ今、この場にともに居て、明日もまた穏やかでありたいと願う。そこには「幸福」と呼ぶほどの華やかさはありませんが、心が満ち足りるような「和やかさ」が漂います。生きる上での大きな心の支えや安心感になります。

（「ハルメク」収録「こころのはなし」）

終章

愛とは時間をムダにすること

Just wasting time《ジャスト・ウェイスティン・タイム》――「ただ時間をムダにする」

ついに終章となった。これまでの読書があなたにとってムダでなかったことを願っている。ここでは、時間について、そして時間と愛との関係について書こうと思う。これらはぼくが、『スロー・イズ・ビューティフル』という本を書いて以来二十余年、ずっと気にかけてきたテーマだ。ぼくが長く大切にしてきたいくつかの物語を取り上げることで、なぜいまもぼくが「ゆっくりはすばらしい」と信じていられるのかを、わかっていただけたらうれしい。

本章の最後に出てくる物語は、あなたもご存じの『星の王子さま』だ。そこからぼくは愛の定義を引き出したいと思っている。それは、「愛とは相手のために時間をムダにすること」という定義である。そこへ向かって、もう少し、歩いてみよう。

海外で暮らしていた十数年間、「ドック・オブ・ベイ」というオーティス・レディングの歌が、ぼくにとっての人生のテーマソングというべきもののひとつだった。この歌の主人公は、故郷のジョージアを離れ、さすらいの旅に出ているホーボー(放浪者)。「どうせ、あてのない人生/これまでも、これからも」とか、「ああしろ、こうしろと言われても俺にはできない。だから俺もいままで通りやってゆく」とか、ぶっきらぼうな、でも、無欲で潔いこの男の態度《アティチュード》に、ぼくは惹かれ、憧れていた。そして、あまりにも有名なあのリフレイン。

俺は波止場に座って
潮の満ち引きを眺めている
ただ波止場に座って
時間をムダにしている

「Just wasting time《ジャスト・ウェイスティン・タイム》（ただ時間をムダにしているだけ）」は、「時間を有効に使う」ことが正しいという世間の常識そのものの拒否だ。自分の時間を、「ああ使え」とか、「こう使え」とか言われても俺にはできない。だから放っておいてくれ。俺はいままでどおりにやっていく……。「時間をムダにする」というこのシンプルな言葉が、これまでにいったいどれほどの人々の心を揺さぶり、励ましてきたかを、ぼくは思うのだ。逆に、たったそれだけの言葉が言えないばかりに、どれほど多くの人たちが苦しんできたか、を。

90年代はじめに十数年ぶりに日本へ戻って、ショックだったことのひとつは、若者の間に広まっていた「すき間症候群」だった。手帳の予定表にすき間、つまり、まだ埋まっていない空白の時間帯があると、まるでそこからすき間風が吹きこんでくるとでもいうように、不安でいたたまれない気持ちになる。だから無理にでも用事をつくってすき間を埋めようと苦労する。

若者はその「すき間」、つまり「空いている時間」に、たぶん、「十分人気のない自分」や「十分必要とされていない自分」を、感じとっていたのだ。逆に言えば、予定表とは、社会における自分の存在価値を表すものだと、考えられていたわけだ。

「空いている時間」を埋めていく。予定を入れていく。それが必要かどうかにかかわらず。いつの間にか、すき間を「埋めること」自体が目的になってしまう。「すること」で埋められた一日は、もちろん、忙しい。ムダに時間を過ごしている自分から逃れるために自分の時間をムダな用事で埋めていく、と言ったら意地悪すぎるだろうか？

事は、しかし、それですまない。ぼくが大学で担当していたゼミのある学生が2年前までの自分を振り返って書いたレポートにはこうあった。

〈スケジュール帳がびっしり埋まっていないと安心できなかった。一日三つの予定は当たり前。短い時間にたくさんのことをするので、いかに早くこなすか、いかにより多くのことをするかが課題であった。（中略）私は、時間をかけてゆっくり物事を行なったり、他の人とゆったり時間を共有することを忘れた〉

つまり、手帳をびっしり埋めて安心できるかというと、できないのである。今度は、各々の用事をいかに早くこなして、さらに多くの用事をつくり、こなすか、という課題に追われることになる。

それがビジネスの世界でずっと起こりつづけてきたことだ。ある本のなかで、ぼくはこう書いていた。

すき間症候群と似た病気で、最近のビジネスマンの間にも広がっている「病気」に、「こうしちゃいられない症候群」（これはぼくが勝手に名づけたのだが）があるようだ。手帳にすき間なくスケジュールを書き込んでいるような忙しい人が、何をしている時にも、「こうしちゃいられない」という思いにつきまとわれて悩む。自分がやっていることが、本当にやるべきことではないかもしれない、という不安がこの思いの根っこにある。

（『スローライフのために「しないこと」』）

時間を切り刻む現代人

それにしても、多くの日本人はなぜ、これほどまでに、「空いている時間」を不安がったり、怖れたり、あるいは目の敵にしなければならないのだろう。

ぼくが大学で1年生の授業で使っていたテキストに、『パパラギ——はじめて文明を見た南海の酋長ツイアビの演説集』というすてきな本がある。いまから100年以上前のこと、南太平洋のある島に住むツイアビという人物が、世界でもっとも「進んでいる」ヨーロッパを訪ね、そこで見たこと、感じたこと、考えたことを、帰ってから島の仲間たちに話して聞かせた。その話をまとめたのがこの本だといわれているが、どうもフィクションらしいともいわれる。

題名の「パパラギ」とは、島の言葉で白人とか、ヨーロッパ人とか、文明人とかを意味する。パパラギの暮らしぶりや考え方にはツイアビをびっくり仰天させることがたくさんあった。なかでも彼が驚いたのはパパラギの「時間」に対する態度だった。

ツイアビの報告によれば、パパラギはいつも時間が足りないことを嘆き、天に向かって「もっと時間をくれ！」と不平を言う。ヨーロッパには暇のある人などいないらしく、誰もが、「投げられた石のように」人生を走っていた。パパラギたちは時間を「時」「分」「秒」と細かく切り刻んでいって、しまいに粉々にしてしまう。そして子どもから大人まで、どこへ行くにも、この細かくした時間を計るための機械を身につけている。

これはまだ飛行機も自動車もコンピュータもスマホもない時代の話だ。ツイアビが現代日本にやってきたら、どれほどショックを受けるだろう。

ツイアビはこんな言い方もしている。パパラギたちはいつも時間のあとを必死に追いかけまわして、時間に「日なたぼっこのひまさえ与えない」。彼の住む南の島では、誰ひとり時間に不満をもったり、時間を追いかけまわしたり、時間を虐待したりするものはいないのに、と。

時間はいつだって自分のもの

ぼくはまた、自分が担当するゼミを紹介する説明会でよく、昆虫学者ファーブルを讃える長田《おさだ》弘《ひろし》（1939～2015）の詩を学生たちに読んで聞かせたものだ。

目立たない虫、目には見えないような虫、

とるにたらない虫、つまらない虫、
みにくい虫、いやしい虫、くだらない虫。
ファーブルさんは、小さな虫たちを愛した。

生きるように生きる小さな虫たちを愛した。
虫たちは、精一杯、いま、ここを生きて、
力をつくして、じぶんの務めをなしとげる。
じぶんのでない生きかたなんかけっしてしない。

（『世界は一冊の本』収録「ファーブルさん」）

長々と、いかにファーブルさんが虫を愛したかを語るその詩は、途中で、多くの学生にぼくのゼミへの志望を断念させるのには十分効果的だったろうと思う。でももしかしたら、そこに描かれた虫たちの自分らしい生き方に触れて、ふと、時間に縛られない子どもの頃の自分を思い出し、「そうだ、自分のでない生き方なんかしなくていいんだ」と思い直してくれる学生がいたかもしれない。

長田には、こんな詩もある。

食事の時間だから、今は食事をしよう。
私は私自身の人生の邪魔をしたくない。

なぜわれわれは、じぶんのでない
人生を忙しく生きなければならないか？

ゆっくりと生きなくてはいけない。
空が言った。木が言った。風も言った。

（『世界は一冊の本』収録「人生の短さとゆたかさ」）

そろそろ、気づくべきだろう。「投げられた石のように」、「自分のでない人生を忙しく生きている」のは、どうやら、ぼくたち自身らしい、と。そもそも、時間というものに対するぼくたちの態度に大きな問題がありそうだ。所有物としての時間、使用価値としての時間、交換価値としての時間、そして「タイム・イズ・マネー」としての時間……。これら「〜としての時間」という考え方の土台となっているのは、時間が「役に立つ」ものであり、「役に立たなければならない」という思いこみだ。

ぼくたちはいつも、自分の人生がたくさんの「私のもの」によって成り立っていると信じている。「私の部屋」「私の仕事」「私の家族」など、モノもコトもヒトも「私のもの」で、それらの総体が私の人生だ、と。でもよく考えてみると、部屋は家賃が払えなくなれば、もう自分のものではないし、仕事も倒産したり、クビになったりすれば、もう自分のものではない。家族も離婚したり、勘当されたりすれば、もう他人だ。

では、どんなことがあっても「自分のもの」であることをやめないものは何か？　それは時間だ。どこで何をしているかにかかわらず、「私の時間」は私といっしょだ。私から切り離せない。つまり、時間とは「私の人生」そのものなのだ。私から時間を引いたら、ゼロ。そんなに大切な自分の時間を、何かほかのモノやコトやヒトの「役に立つ」かどうかで評価するというのは、自分という存在そのものを「役に立つ」かどうかで、評価するのと同然だ。

「役に立つかどうか」という視点から物事を見ることを功利主義という。本書は、その功利主義へのささやかな挑戦である。功利主義が怖いのは、この心の習慣《マインドセット》に慣れきってしまうと、ぼくたちはしまいに、自分自身をも含めて、この世界のありとあらゆる物事が「役に立たなければならない」という一種の強迫観念に陥りかねない、ということだ。「役に立つ」物事ばかりでできている世界で、役に立たないモノやコトやヒトは、「ムダ」としてさげすまれ、切り捨てられることになるだろう。

ムダについて考え直すとは、だから、「役に立つ」という見方そのものを疑い、揺さぶってみることで、功利主義に凝り固まったマインドセットから脱け出すことにちがいない。たしかに、そのためにはちょっとした勇気がいる。あなたがその勇気を見出されんことを。本書がその手助けとなれたなら、幸いだ。

ムダのない世界からこぼれ落ちたもののゆくえ

『ロスト・シング』という絵本がある。本を開くといきなり、語り手が言う。この本を読んでも何の参考にもならないし、何の役にも立たない。時間のムダになるだけだ、と。そう言われると余計読みたくなるから不思議だ。語り手の少年が、ある夏の日に海辺で迷子になっているらしい奇妙な生きもの（？）に出会い、その飼い主を探して歩き回るという話だ。訳者の岸本佐知子《きしもとさちこ》によるあとがき」にこうある。

〈大きくて赤くて、だるまストーブとヤドカリとタコが合わさったような奇妙なその生き物は、灰色の殺風景な街の中でひどく目立つのに、なぜか誰もその存在に気づかず、関心も示さない〉

友だちのピートに相談してみるが、彼は悲観的だ。そもそも飼い主なんかいないのかもしれないし、帰る場所なんかないのかもしれない、と。そして、世の中には、そういう居場所がないものっていうのがあるんだ、とすげない返事。

そのうち少年は新聞に「想定外のものに日々の規律を乱されてしまったとお困りのあなた！」という「国家ハンパ・ガラクタ管理局」からの広告を見つけて、迷子の生きものを連れていく。しかし、そこに現れた人に、ここに置いていってはいけない、と忠告される。「ここは捨て去り、忘れ去るための場所。初めからなかったことにするための場所なんだから」と。その人がくれたカードを頼りに、少年は生きものの居場所探しを続ける……。

誰もが無関心でその存在に気づきもしないような生きものに少年は気づいた。でも、なぜ人々は気づかないのだろう。これは何、あれは何、という分類によって整理され、秩序立てられている世界の外にこぼれ落ちた、名もなき存在だからだろう。岸本も「あとがき」でこう言っている。〈あらゆるものがコントロールされ、無駄や逸脱を認めない社会では、この迷子のように無意味で分類不能なものは居場所を与えられない。人々のセンサーからこぼれ落ち、姿さえ見えなくなってしまう〉

名前もないし、分類もできないし、定義もない。もちろん、役に立たない。あってもなくても、誰にも関係のない、ムダな存在。そういうムダなものは、しまいに、そこにあっても見えなくなってしまう。考えてみれば、これは恐ろしい話なのである。

でも、それに気づく者もいないわけではない。特に、子どもたちは気づきやすい。それが役に立つかどうかなどということに関係なく、そこにただあるものに気づく。そして関心を寄せる。気にかける。いや、気になってしまうのだ。なぜだろう。何といっても、大人が失くしてしまったものが、子どもにはある。時間だ。そこに希望がある。

役に立たない時間こそが大切

イタリアの作家、シルヴァーナ・ガンドルフィによるファンタジー小説『むだに過ごしたときの島』もまた迷子の話だ。あるところに、子どもたちが自由に、のびのびと暮らす夢のような島があった。そこでは何もかもがゆっくり。誰もがのんびりとくつろいで、ケンカもせずに楽しそうに生きている。

作者には申し訳ないが、ここで先回りをして、いきなり種明かしをさせてもらわなければならない。この楽園のような島は、子どもたちがこれまでムダにしてきた時間でできている「別世界」なのだ。ここで暮らしているのは、何らかの理由で、ぼくたちが「現実」と呼んでいる「あっちの世界」で迷子になってしまった人たちばかり。人間だけではなく、ここにあるモノやコトは「あっちの世界」からなくなってしまったものばかり。ここはそれらが集まった「ばかでかい物置き」なのである。この島ではすべてがスローだという理由もそこにある。ここで子どもたちが過ごす時間は、あっちの世界でムダにされ、失われてしまった時間——「怠け者、のらくら者、詩人、子どもたち、白日夢を見る人なんかがなくした時間」なのだから。

子どもたちが幸せに暮らす「むだに過ごしたときの島」は、しかし、最大の危機を迎えている。現実の地球がいま、気候危機にみまわれているようなものだが、気候危機を引き起こしたのがその地球に住んでいる人間たち自身であるのと違って、こちらの島の危機を引き起こしているのは、

「あっちの世界」――あなたやぼくにとっての「現実世界」――なのである。

危機の元凶として登場するのが、われらが日本である。

〈いま日本では赤ちゃんでさえ一瞬もむだにはしない（中略）日本人の人生は生まれてまもなくプログラムに組み入れられてしまうんだ。のんびりしている時間などまったくないんだよ。二歳になればもう、なんらかの成果をあげろ、あげろ、あげろ、あげろだ。（中略）その結果がまたひどい。おとなになるころには病んでいて、自殺までしてしまう〉

日本だけではない。あっちの世界ではいたるところで人間たちが時間を虐待するので、時間は変質し、どんどん毒性を増して「黒い時間」となってしまった。人々は息を切らしながら、呪文のような文句を唱える。「時間がない、時間がない！」

そしてその影響はついに、こちらの島にも及びはじめる。

〈のんびり過ごして無駄にした時間は少なくなる一方で、黒い時間のほうはますます力を得てフルスピードでこっちへ向かってくるからだ。（中略）黒い時間がふえればそれだけ黒い煙が増す。黒い煙が増せば人食い族がますますふえる〉

みんなの悲観的な気分を振りはらうように、黒い時間の危機についての深い知識をもつ、「教授」と呼ばれる大人の科学者が、解決策を提案する。

〈きみらの多くが、つまりどこから見てものらくら者で、夢見がちで、ぼんやりしていて、何もしないでのんびりする腕のたしかなものがあっちへ戻って、あっちの人たちにその貴重な極意を

伝え、よい手本を見せてやれば……おそらくわれわれみんなが助かるのだよ〉

伝えるべき貴重な極意とは何か。教授はこう熱弁をふるう。

〈諸君。あっちの人々にあらためて学ばせなければならないのだ、時間をむだにするというのは、ぜいたくなのではなくて、生きていくのに必要な、欠かすことのできない深い欲求であることを。のらくらできる力を、自分自身や自然を見つめる力をふたたび身につけてこそ、人々は黒い時間に打ち勝つことができるのだ！〉

時間のムダ、そして愛

いよいよ、サン・テグジュペリの『星の王子さま』の登場だ。王子さまは、バラの花と自分しか住んでいない小さな星をあとにして、旅に出ていた。物語も終わりに近づいたところで、こんな場面がある。奇妙な星々をめぐった末、7番目の星、地球にたどりついた王子さまは、5000ものバラの花が咲いている庭にやってくる。彼は、そこで自分の小さな星に残してきたバラの花を思って泣き崩れる。いつも、自分の美しさを誇っていたあの「ぼくのバラ」がこの光景を見たら、どうだろう。この世にたったひとつのバラだと思っていたのに、じつは、どこにでもある花だったと知って、きっと悲しむにちがいない。そう思ったら自分も悲しくなって、王子さまは泣いたのだった。

でもそのとき、同時に、王子さまはあることに気づいた。地球という星に来て、自分の星に残してきた「ぼくのバラ」よりもきれいなバラを見ても、何も感じない。つまり、５０００本のバラは自分には何の意味もなく、大切なのは「ぼくのバラ」なのだ、ということに。

自分の星に住んでいたときの王子さまは、気むずかし屋のバラが言うとおり、水をやったり、つい立てを立ててやったりしたものだ。だが、結局バラとはケンカして、気まずいままに旅に出てしまった。つまり、バラの花のためにあれこれとやってあげたことはみな、ムダになってしまった。そう、王子さまは思っていたのだった。でもいま、地球から自分の星にいるバラを想って、やっぱり、きみが大切だ、と気づくのである。

そんなとき、王子さまの前にキツネが現れる。キツネは王子さまに友だちになろうともちかける。王子さまは、たぶん自分の星のバラの花のことを思ったのだろう、友だちになると別れるときにつらいから、なりたくないと言って断ろうとする。でも、キツネは小麦畑を指差して、こんな詩人みたいなことを言うのだ。小麦を食べないキツネにとって、小麦畑なんて何の意味もない。でも、きみと友だちになれば、きみの髪は金髪だから、小麦畑を見るたびにきみを思い出すようになる。小麦畑を渡る風を聞くのが好きになる……。

結局、王子さまとキツネは、時間をかけて「手なづけ合い」、友だちとなる。しかし、すべての関係がそうであるように、やがてふたりにも別れの時が近づいた。

キツネと王子さまのやりとりを、内藤濯《ないとうあろう》の訳で見てみよう。

キツネがいいました。

「ああ！　……きっと、おれ、泣いちゃうよ」

「そりゃ、きみのせいだよ。ぼくは、きみにちっともわるいことしようとは思わなかった。だけどきみは、ぼくに仲よくしてもらいたがったんだ……」

「そりゃ、そうだ」と、キツネがいいました。

「でも、きみは、泣いちゃうんだろ！」と、王子さまがいいました。

「そりゃ、そうだ」とキツネがいいました。

「じゃ、なんにもいいことはないじゃないか」

「いや、ある。麦ばたけの色が、あるからね」


「なんにもいいことはないじゃないか」とは、言いかえれば、「友だちになっても得なことは何もなかった」、つまり、「友だちになったのはムダだった」ということ。そんなことを言う王子さまを、キツネはやさしく諭すのだ。きみと別れたあとも、小麦畑を見るたびにきみのことを思い出し、幸せを感じることができる。

キツネは「いいことはある」「ムダなんかじゃない」ということを、王子さまの言葉使いに合わせて言っているのである。

もうひとつ、キツネ哲学者は、旅立っていく王子さまに大切な言葉を贈る。「あんたが、あんたのバラの花をとてもたいせつに思ってるのはね、そのバラの花のために、時間をむだにしたからだよ」そして、人間が忘れているこの大切なことを、忘れないように、と王子さまに言う。

さて、この「時間をムダにしたから」というのが、肝心なところだ。フランスやブータンで長く研究生活をおくった仏教学者の今枝由郎は、この点に注目して、フランス語の原典と照らし合わせながら、10を超える日本語訳をズラリと並べて比較してみた。その結果、「時間をムダにした」にあたる部分の和訳は大きく2種類に分かれることがわかった。そのひとつは、「時間を費やした」や「時間をかけた」という訳で、こちらが大多数を占める。もうひとつの少数派が、「時間をむだにした」「時間を失った」などと訳している。

今枝も言うように、原文で使われている“perdre”も、また、著者サン・テグジュペリの友人でもあった訳者による英語版で使われている“waste”も、失う、失くす、浪費する、ムダにする、などを意味する。つまり、日本語訳としては、どう考えても、少数派のほうが正解なのである。

なんでこんな細かいことにこだわっているのか、とあなたは言うかもしれない。しかし、ここには見過ごすことのできない大切なことがひそんでいるとぼくは思うのだ。

ぼくたちはよく、自分にとって大切なモノやコトやヒトについて、「こんなに時間をたくさん使って、世話をしたから」という言い方をする。一種の投資としてかけた時間には、それに見合う見返りや成果がある、という考え方である。でも、サン・テグジュペリは逆に、「時間をムダにしたから大切」とキツネに言わせている。ムダにする、つまり、報酬や見返りや意味や成果を求めずに時間をただともに過ごしたからこそ、得られる大切なものがある、というのである。

というわけで、ぼくはここに、「愛とは何か」という問いに対するひとつの答えを見出した。つまり、「愛とは相手のために時間をムダにすること」。

大きなキャンバスいっぱいに描いた一輪の花の絵で知られた画家ジョージア・オキーフは、晩年、こう嘆いたという。

「誰も花を見ようとしない。花は小さいし、見ることには時間がかかるから。そう、友だちになるのに時間がかかるように、ね」

花をじっと見る。目をつむってその香りを楽しむのもいい。でも、それは時間のムダだ、と忙しがり屋は考える。そんなことは何の役にも立たないし、何の得にもならない、と。遊んでいる子どもに、大人は言うかもしれない。「ムダなことをしてないで、もっと時間を有効に使いなさい」とか、「もっと大事なことに時間を使いなさい」とか。

しかし、あのキツネ哲学者の教えによれば、時間をムダにするとは、効率性、生産性、合目的性などの要請から自由に、自分の時間を生き、自分の人生を生きること。愛とは、それが何の役に立ち、何の得になるかにはかかわらず、惜しげなく相手のために時間を使うこと。愛はスローで、時間がかかる。だからときどき、面倒くさいこともある。でもだからこそ、愛は愛。

それでもわからない大人は、こう自問してみるといい。

「あなたは効率的に愛されたいですか？」

引用・参考文献

序章　ムダについて考えるということ

◉大來尚順「『もったいない』の日本語に隠れた本当の意味」東洋経済オンライン、２０１７年1月16日　https://toyokeizai.net/articles/-/153266?page=3

◉「ＭＯＴＴＡＩＮＡＩ」ウェブサイト　https://www.mottainai.info/jp/

◉『ハチドリのひとしずく』光文社、２００５年

第1章「ムダを省く」ということ

◉石川智也「坂本龍一『〝無駄〟を愛でよ、そして災禍を変革の好機に』文明をバージョン１・５に進化させるために」朝日新聞デジタル、２０２０年5月22日　https://www.asahi.com/and/article/20200522/12369021/

第2章「ナマケモノ」の視点で経済成長を見る

◉『叢書アレクサンドリア図書館　第八巻　ルキアノス選集』岡道男・中務哲郎監修、内田次信訳、国文社、１９９９年

◉ディオゲネス・ラエルティオス『ギリシア哲学者列伝（中）』加来彰俊訳、岩波文庫、１９８９年

◉プルタルコス『新訳　アレクサンドロス大王伝「プルタルコス英雄伝」より』森谷公俊訳・註、河出書房新社、２０１７年

◉山川偉也『哲学者ディオゲネス　世界市民の原像』講談社学術文庫、２００８年

◉多田道太郎『物くさ太郎の空想力』冬樹社、１９７８年
◉今枝由郎『ブータンに魅せられて』岩波新書、２００８年
◉Simon Rogers, "Bobby Kennedy on GDP: 'measures everything except that which is worthwhile'" *The Guardian*, May 24, 2012.

第3章　複雑化した世界でのシンプルな暮らし

◉サティシュ・クマール『エレガント・シンプリシティ』辻信一訳、ＮＨＫ出版、２０２１年
◉マーク・ボイル『無銭経済宣言』吉田奈緒子訳、紀伊國屋書店、２０１７年
◉デヴィッド・グレーバー『ブルシット・ジョブ――クソどうでもいい仕事の理論』酒井隆史他訳、岩波書店、２０２０年
◉辻信一『スロー快楽主義宣言！――愉しさ美しさ安らぎが世界を変える』集英社、２００４年
◉マーク・ボイル『ぼくはテクノロジーを使わずに生きることにした』吉田奈緒子訳、紀伊國屋書店、２０２１年

第4章　働き者礼讃社会に抵抗する

◉辻信一、ジョニ・オドチャオ他『レイジーマン物語――タイの森で出会った〝なまけ者〟with 辻信一』ゆっくり堂、２０２１年
◉多田道太郎『物くさ太郎の空想力』
◉帚木蓬生『ネガティブ・ケイパビリティ　答えの出ない事態に耐える力』朝日選書、２０１７年
◉アブラハム・ジョシュア・ヘッシェル『シャバット　安息日の現代的意味』森泉弘次訳、教文館、２００２年

第5章　ムダと孤独とテクノロジー

◉「オンラインで心はつながるか　実は孤独に？「脳トレ」川島教授の分析」朝日新聞デジタル、2022年1月17日　https://www.asahi.com/articles/ASQ1D52BJQ16ULEI004.html
◉ノリーナ・ハーツ『THE LONELY CENTURY　なぜ私たちは「孤独」なのか』藤原朝子訳、ダイヤモンド社、2021年
◉斎藤幸平『人新世の資本論』集英社新書、2020年
◉カール・マルクス『経済学・哲学草稿』城塚登・田中吉六訳、岩波文庫、1964年
◉David Levy, *Love and Sex with Robots: The Evolution of Human-Robot Relationships.* Harper, 2007.
◉高橋源一郎・辻信一『「あいだ」の思想　セパレーションからリレーションへ』大月書店、2021年
◉カズオ・イシグロ『クララとお日さま』土屋政雄訳、早川書房、2021年
◉パトリック・J・デニーン『リベラリズムはなぜ失敗したのか』角敦子訳、原書房、2019年
◉堤純子『アーミッシュの老いと終焉』未知谷、2021年
◉ドナルド・B・クレイビル他『アーミッシュの赦し』青木玲訳、亜紀書房、2008年

第6章　ムダな抵抗は、してもムダ？

◉マーク・ボイル『ぼくはお金を使わずに生きることにした』吉田奈緒子訳、紀伊國屋書店、2011年
◉マーク・ボイル『無銭経済宣言』

第7章　スローライフはムダでいっぱい

◉マーク・ボイル『ぼくはテクノロジーを使わずに生きることにした』

◉ヘンリー・D・ソロー『ウォールデン――森で生きる』酒本雅之訳、ちくま学芸文庫、2000年
◉石垣りん『私の前にある鍋とお釜と燃える火と』童話屋、2000年

第8章　答えは足もとの土にある

◉ジェーン・グドール、ダグラス・エイブラムス『希望の教室』岩田佳代子訳、海と月社、2022年
◉デヴィッド・スズキ、キャシー・ヴァンダーリンデン『きみは地球だ――デヴィッド・スズキ博士の環境科学入門』辻信一・小形恵訳、大月書店、2007年
◉デイビッド・モントゴメリー『土・牛・微生物――文明の衰退を食い止める土の話』片岡夏実訳、築地書館、2018年
◉デイビッド・モントゴメリー、アン・ビクレー『土と内臓――微生物がつくる世界』片岡夏実訳、築地書館、2016年
◉川口由一・辻信一『自然農という生き方――いのちの道を、たんたんと』大月書店、2011年
◉映画『キス・ザ・グラウンド：大地が救う地球の未来』ジョシュ・ティッケル、レベッカ・ハレル・ティッケル監督、アメリカ、2020年
◉ゲイブ・ブラウン『土を育てる――自然をよみがえらせる土壌革命』服部雄一郎訳、NHK出版、2022年
◉ポール・ホーケン編著『ドローダウン――地球温暖化を逆転させる100の方法』江守正多監訳、東出顕子訳、山と渓谷社、2020年
◉ポール・ホーケン編著『リジェネレーション――気候危機を今の世代で終わらせる』江守正多監訳、五頭美知訳、山と渓谷社、2022年
◉Kristin Ohlson, *The Soil Will Save Us: How Scientists, Farmers, and Foodies Are Healing the Soil to Save the*

Planet. Rodale Books, 2014.
◉Helena Norberg-Hodge, Steven Gorelick and Henry Coleman, "Supply Chain Failures Prove Growing Need for Localized Economies" TRUTHOUT, May 22, 2022.

第9章　ぼくたちは、遊ぶために生まれてきた

◉映画『まぼろしの市街戦』フィリップ・ド・ブロカ監督、フランス、１９６６年
◉山極寿一「豊かな『遊び』スポーツの起源に帰ろう」朝日新聞、２０２１年7月26日
◉ジュールズ・ボイコフ『オリンピック　反対する側の論理——東京・パリ・ロスをつなぐ世界の反対運動』井谷聡子・鵜飼哲・小笠原博毅監訳、作品社、２０２１年
◉横田南嶺・細川晋輔他『不要不急——苦境と向き合う仏教の智慧』新潮新書、２０２１年
◉ヨハン・ホイジンガ『ホモ・ルーデンス』高橋英夫訳、中公文庫、２０１９年改版
◉堀真一郎『新装版　きのくに子どもの村の教育』黎明書房、２０２２年

第10章　教育とムダをめぐるコペルニクス的転回

◉映画『夢みる小学校』オオタヴィン監督、日本、２０２１年
◉映画『いただきます2　ここは発酵の楽園』オオタヴィン監督、日本、２０２０年
◉堀真一郎『新装版　きのくに子どもの村の教育』
◉サティシュ・クマール『エレガント・シンプリシティ』
◉ジョン・デューイ『学校と社会』宮原誠一訳、岩波文庫、１９５７年
◉オオタヴィン『子どもはミライだ！　子どもが輝く発酵の世界』木楽舎、２０２２年
◉マイケル・サンデル『完全な人間を目指さなくてもよい理由——遺伝子操作とエンハンスメントの倫理』

林芳紀・伊吹友秀訳、ナカニシヤ出版、２０１０年
◉辻信一『ゆっくり小学校　学びをほどき、編みなおす』ＳＯＫＥＩパブリッシング、２０１５年

第11章　あなたは「ムダな人」ですか？

◉鷲田清一「折々のことば」朝日新聞、２０２１年8月29日
◉Choose Life Project「【判決ウォッチング】相模原殺傷事件植松被告控訴取り下げ NPO法人「抱樸」理事長の奥田知志さんのインタビュー（ロングバージョン）」ＹｏｕＴｕｂｅ、２０２０年3月30日 https://www.youtube.com/watch?v=KzhXPukmyhQ
◉渡辺一史「《相模原45人殺傷事件》〝不要に思える人たちを抹殺したい〟14回の面会で見えた植松聖の〝正体〟」文春オンライン、２０２１年5月29日 https://bunshun.jp/articles/-/45689
◉渡辺一史「『認知症の老人を放っておくから車が暴走して子どもが死んだりする』相模原19人殺害の植松聖が勤めた『やまゆり園』の〝実態〟」文春オンライン、２０２１年5月29日 https://bunshun.jp/articles/-/45690
◉渡辺一史「右手小指を〝謝罪〟のために噛み切り…　死刑判決2日後の植松聖が『わかってくださった』と〝清々しく〟語った理由」文春オンライン、２０２１年5月29日 https://bunshun.jp/articles/-/45691
◉渡辺一史「《相模原45人殺傷事件》『こいつしゃべれないじゃん』と入所者に刃物を　植松聖死刑囚の〝リア充〟だった学生時代」文春オンライン、２０２１年5月29日 https://bunshun.jp/articles/-/45692
◉最首悟『こんなときだから　希望は胸に高鳴ってくる――あなたとわたし・わたしとあなたの関係への覚えがき』くんぷる、２０１９年
◉最首悟「こころのはなし」「ハルメク」２０２１年9～11月号、ハルメク

終章　愛とは時間をムダにすること

◉辻信一『スローライフのために「しないこと」』ポプラ社、２００９年
◉『パパラギ――はじめて文明を見た南海の酋長ツイアビの演説集』岡崎照男訳、立風書房、１９８１年
◉長田弘『世界は一冊の本』みすず書房、２０１０年
◉ショーン・タン『ロスト・シング』岸本佐知子訳、河出書房新社、２０１２年
◉シルヴァーナ・ガンドルフィ『むだに過ごしたときの島』泉典子訳、世界文化社、２００３年
◉サン・テグジュペリ『星の王子さま』内藤濯訳、岩波書店、１９６２年
◉今枝由郎「情けは人の……」「図書」２００９年2月号、岩波書店

著者略歴

１９５２年、東京に生まれる。文化人類学者。ＮＧＯ「ナマケモノ倶楽部」代表。

１９７７年北米に渡り、カナダ、アメリカの諸大学で哲学・文化人類学を専攻、１９８８年米国コーネル大学で文化人類学博士号を取得。１９９２年より２０２０年まで明治学院大学国際学部教員として「文化とエコロジー」などの講座を担当。またアクティビストとして、「スローライフ」「ハチドリのひとしずく」「キャンドルナイト」「しあわせの経済」などの社会ムーブメントの先頭に立つ。

著書に『スロー・イズ・ビューティフル』（平凡社ライブラリー）、『「ゆっくり」でいいんだよ』（ちくまプリマー新書）、『「しないこと」リストのすすめ』（ポプラ新書）など、共著に『降りる思想』『弱さの思想』『「雑」の思想』『「あいだ」の思想』（以上、大月書店）などがある。

ナマケモノ教授《きょうじゅ》のムダのてつがく
――「役《やく》に立《た》つ」を超《こ》える生《い》き方《かた》とは

二〇二三年一月九日　第一刷発行
二〇二四年六月一八日　第五刷発行

著者　辻《つじ》　信一《しんいち》
発行者　古屋信吾
発行所　株式会社さくら舎　http://www.sakurasha.com
東京都千代田区富士見一-二-一一　〒一〇二-〇〇七一
電話　営業　〇三-五二一一-六五三三　ＦＡＸ　〇三-五二一一-六四八一
編集　〇三-五二一一-六四八〇
振替　〇〇一九〇-八-四〇二〇六〇
イラスト　中村知史
装丁　アルビレオ
印刷・製本　中央精版印刷株式会社

ISBN978-4-86581-373-9